I0073637

Chambre de Commerce de St-Quentin.

RAPPORTS

SUR

L'EXPOSITION UNIVERSELLE DE LONDRES

EN 1862,

PRÉSENTÉS A LA CHAMBRE DE COMMERCE

PAR

les Contre-Maîtres et Ouvriers délégués

pour visiter cette Exposition.

SAINT-QUENTIN.

IMPRIMERIE COTTENEST ET Cie, RUE DU PALAIS-DE-JUSTICE, 23.

1862.

V

𝕮𝔥𝔞𝔪𝔟𝔯𝔢 𝔡𝔢 𝕮𝔬𝔪𝔪𝔢𝔯𝔠𝔢 𝔡𝔢 𝕾𝔱-𝕼𝔲𝔢𝔫𝔱𝔦𝔫.

RAPPORTS

SUR

L'EXPOSITION UNIVERSELLE DE LONDRES

EN 1862,

PRÉSENTÉS A LA CHAMBRE DE COMMERCE

PAR

les Contre-Maîtres et Ouvriers délégués

pour visiter cette Exposition.

SAINT-QUENTIN.

—

IMPRIMERIE COTTENEST ET Cie, RUE DU PALAIS-DE-JUSTICE, 23.

—

1862.

1863

34337

©.

La Chambre de commerce de Saint-Quentin, désireuse
de contribuer, autant qu'il était en son pouvoir, à la vulga-
risation des procédés nouveaux applicables à nos industries locales que l'Exposition universelle de Londres devait
faire connaître, a décidé, dans sa séance du 29 mars 1862,
qu'il serait formé, au moyen des cotisations personnelles
de ses membres, un fonds destiné à couvrir les frais
de voyage et de séjour à Londres de quatre représentants
de l'industrie Saint-Quentinoise, choisis parmi les contre-
maîtres et les ouvriers de ses fabriques.

La mission de ces délégués était de visiter l'Exposition
universelle et d'y étudier particulièrement les inventions
nouvelles et les procédés qui se rattachent à l'industrie
qui est leur spécialité, afin de propager les faits dont la
connaissance pourrait contribuer à développer l'activité
manufacturière de nos contrées.

Dans sa séance du 18 juin, la Chambre a décidé que
le nombre des délégués de l'industrie locale à l'Exposition
de Londres serait porté de quatre à six, et qu'à leur
retour ces délégués devraient lui adresser un rapport,
aussi détaillé que possible, sur les objets de leurs pro-

fessions qu'ils auraient étudiés et sur les perfectionnements qu'ils jugeraient applicables à nos industries.

Dans cette même séance, la Chambre a fait choix, pour remplir cette mission, de :

MM. Rousseau, directeur de fabrique chez MM. David frères, fabricants de tissus de laine à Saint-Quentin ;

Filachet, contre-maître de filature chez MM. Cambronne frères, à Saint-Quentin ;

Colignon, contre-maître de filature chez M. Théry, à Saint-Quentin ;

Lévêque, directeur de tissage chez MM. Férouelle et Rolland, à Hombières, près de Saint-Quentin ;

Romanette, contre-maître chez M. Mariolle-Pinguet, constructeur-mécanicien à St-Quentin,

Et Constant Villemant, menuisier-modeleur chez M. Schreiber, constructeur-mécanicien à St-Quentin.

Ces six délégués se sont rendus à Londres, et à leur retour ils ont adressé à la Chambre les rapports suivants :

RAPPORT

DE **M. ROUSSEAU**, DIRECTEUR DE FABRIQUE CHEZ **MM. DAVID** FRÈRES, FABRICANTS DE TISSUS DE LAINE A SAINT-QUENTIN.

A Messieurs les Président et Membres de la Chambre de Commerce de Saint-Quentin.

MESSIEURS,

Permettez-moi, avant de vous faire part des observations que j'ai faites à l'Exposition universelle de Londres, de vous témoigner toute ma gratitude pour la faveur que vous m'avez accordée, en me choisissant pour faire partie de la délégation de contre-maîtres chargés d'aller étudier les procédés pratiques applicables à l'industrie de notre ville.

Faire marcher son pays dans la voie du progrès et le maintenir à la tête de l'industrie et du commerce, est un but digne des plus nobles travaux. C'est celui que vous poursuivez, Messieurs, et je suis persuadé que vos efforts seront couronnés de succès. Malgré la perturbation momentanée apportée aux industries de nos contrées par les circonstances actuelles, les industriels et les fabricants, stimulés par votre exemple, redoubleront de zèle pour appliquer les procédés les plus nouveaux et les plus économiques, et arriveront à ne plus craindre la concurrence de nos voisins.

Une chose qui frappe le visiteur à l'Exposition de Londres, c'est que la partie mécanique est une exposition plutôt anglaise qu'universelle. L'élément étranger y étant de peu d'importance dans la partie que j'avais à étudier, je n'aurai à vous entretenir que des procédés anglais.

L'Exposition de Machines pour peignage et filature de laine peignée était nulle; il y avait quelques assortiments de filature de coton que je n'ai vus qu'en passant; je ne vous en parlerai pas, ceci entrant dans la spécialité de deux autres délégués.

La partie la plus intéressante était sans contredit le tissage mécanique et les opérations qui en dépendent.

Dans un temps donné, les métiers mécaniques à tisser remplaceront presque partout les métiers à bras pour la nouveauté, principalement dans les articles dont on fait de grandes quantités.

Quoique, dans les temps de crise commerciale comme celui que nous traversons, il soit plus économique de faire tisser à la campagne où la façon est à très-bas prix, il n'en est pas moins certain qu'en temps ordinaire la production a besoin d'être en même temps active et économique. Cela n'est pas possible, lorsque le manque de bras se fait sentir, que les ouvriers sont d'autant plus exigeants que les contre-maîtres se font une plus grande concurrence pour les avoir, et qu'ils travaillent d'autant moins que les salaires sont plus élevés ; tandis que dans les ateliers la production, plus régulière comme quantité et comme qualité, peut à un moment donné être poussée vigoureusement.

Il est donc intéressant d'étudier les modifications que les constructeurs anglais apportent constamment à leurs métiers dans ce but.

Les opérations préparatoires du tissage sont le bobinage, l'ourdissage et le parage ou encollage des chaînes.

La maison John Dugdale et Sons, de Blackburn, a exposé un assortiment de machines préparatoires :

1°. Un *Bobinoir* dans lequel le fil passe dans trois rangées de brosses en crin avant de s'enrouler sur la bobine, ce qui l'épure de toutes ses places faibles et le nettoie parfaitement ;

2°. Un *Ourdissoir* dont les baguettes descendent mécaniquement. Ces deux machines, ainsi que la suivante, sont connues à Saint-Quentin ;

3°. Une *Machine à encoller* les chaînes, avec tambours chauffés à la vapeur, sur lesquels le fil se sèche par contact, après avoir passé dans la colle bouillante.

Cette machine, qui travaille économiquement à cause de la grande quantité de chaîne qu'elle encolle dans une journée, ne convient que pour les gros numéros et pour certains articles calicots dont on fait beaucoup de la même sorte. Je ne pense pas qu'elle remplace jamais la pareuse à brosses pour les articles gazes et piqués, dont la chaîne a besoin d'être lisse et éprouve beaucoup de fatigue au tissage.

Métier à tisser le calicot, construit par MM. Wᵐ DICKENSON *et* SONS, *de Blackburn, et* MM. JOHN DUGDALE *et* SONS, *de Blackburn.* — Cette même maison a exposé un métier à tisser le calicot, qui attirait particulièrement l'attention des visiteurs, à cause de la gande vitesse à laquelle il marchait. J'ai compté 320 coups par minute, d'autres ont compté jusqu'à 360.

Cette vitesse vraiment extraordinaire est obtenue par l'application d'un principe nouveau de l'invention de M. W.-E. Taylor, qui est breveté pour cela.

Ce principe consiste à laisser le battant plus long-temps du côté des lames, pour que la navette ait le temps de passer. Ce résultat est obtenu en employant des bielles très-courtes pour faire mouvoir le battant, et en plaçant leur point d'attache à la hauteur de l'arc de cercle qui passe par le centre du vilebrequin et dont le centre est l'articulation des épées de battant.

L'épure que nous donnons plus loin fera comprendre ce mouvement. La ligne AB représente l'épée de battant qui pivote au point A. C est l'ancien point d'attache de la bielle qui est transporté en D sur l'arc de cercle MN. La ligne DE représente la bielle raccourcie. O est le centre du vilebrequin. OE, OF, OH, OG, sont les différentes positions de la manivelle.

Pendant que le vilebrequin a parcouru la première partie de sa course EH, le point D est venu se placer en D' et le battant a parcouru le chemin BB'; tandis que pendant la seconde partie HG, le point D' est venu en D", et le battant n'a parcouru que le chemin B'B" qui est beaucoup plus petit que le premier. Le même fait se répète pour le retour du vilebrequin. On voit donc que le battant parcourt plus de chemin pendant la première moitié de la course du vilebrequin et qu'il laisse ainsi plus tôt la place libre à la navette.

Dans un métier à tisser, lorsque les lames se lèvent pour

ouvrir le pas, la chaîne éprouve une tension brusque qui fatigue les fils et qui est une cause fréquente de rupture, surtout quand le métier va à une grande vitesse. Pour obvier à cet inconvénient, il a été fait à ce métier un perfectionnement qui consiste à rendre mobile la barre sur laquelle passe le fil en sortant du rouleau paré ; cette barre s'avance lorsque le pas s'ouvre, et elle recule lorsqu'il se ferme, de sorte que la traction des lames se fait sur une chaîne qui est rendue élastique par ce mouvement.

Ce mouvement est donné par deux petits excentriques à collier, placés sur l'arbre du vilebrequin. Ces excentriques commandent deux bielles auxquelles la barre est attachée.

Pour obtenir plus de douceur et d'élasticité, les marches sont en bois, ajustées dans des douilles de fonte ; les excentriques marchent dessus sans galets.

La chaîne que tissait ce métier paraissait être du n° 28 ; elle avait été encollée sur la machine à tambour, car le fil n'était pas lisse.

Ce métier marchait très-bien à cette grande vitesse ; mais il faut remarquer que la matière était de qualité exceptionnelle. La trame était du n° 34. Je l'ai essayée sur un dynamomètre pour lequel la maison dont je dirige les ateliers a pris un brevet, et qui a été remarqué à l'exposition. Elle ne se rompait que sur une traction moyenne de 145 grammes, ce qui correspond à la force de la chaîne de même numéro.

J'ai également essayé une cannette de trame n° 18, qu'on tissait sur un autre métier ; elle supportait une traction de 229 grammes, ce qui est aussi la force de la chaîne.

Il est certain qu'en fabrication bien entendue, pour

produire beaucoup et bien, il faut employer de bonnes matières. On regagne facilement la petite différence qu'il faut payer sur le prix d'achat, par la meilleure qualité des produits, l'économie de main-d'œuvre et de frais généraux qui sont toujours considérables dans un atelier mécanique, et qui pèsent autant sur une petite production que sur une grande.

J'avais déjà remarqué, dans un précédent voyage que j'ai fait à Bradford, que les fabricants anglais ne s'écartent pas de cette manière de travailler.

Pour fabriquer les tissus nouveautés à la mécanique, on a ajouté trois choses au métier à toile ordinaire :

1°. Un certain nombre de lames dont les mouvements sont combinés pour produire différents genres de tissus croisés ou à petites dispositions;

2°. La mécanique Jacquard pour faire toute espèce de dessin; 3°. Des boîtes mobiles aux battants du métier, pour tisser avec différentes sortes de trames.

L'application du Jacquard au métier mécanique à tisser ne présentait pas de difficulté; il suffisait de faire mouvoir le levier sur lequel appuie le tisseur à bras, par une manivelle appliquée sur 'un des arbres du métier. Les mécaniques en bois qu'on construit à St-Quentin peuvent parfaitement servir à cet usage. Les constructeurs anglais les font en fer. Il y en avait plusieurs à l'exposition sur des métiers faisant des tapis et des tentures d'appartement.

La manière la plus simple de monter un métier avec un grand nombre de lames consiste à mettre dessus une petite mécanique Jacquard, communément appelée ratière, dont les crochets lèvent les lames, au lieu de lever des maillons.

Ratière de G. HATTERSLEY *et* SONS, *de Keighley, près de Bradford.* — MM. G. Hattersley et Sons, de Keighley, près de Bradford, ont exposé une ratière sur un de leurs métiers. Elle est très-simple et elle a l'avantage de pouvoir s'appliquer sur des métiers déjà construits.

Métier à lames de G. HODGSON, *de Bradford.* — M. G. Hodgson, de Bradford, a aussi exposé une ratière où les lames sont mises en mouvement par les deux marches du métier toile; mais ce mouvement faisant partie du métier, ne s'appliquerait pas aussi facilement sur d'autres.

Dans les métiers Jacquard, comme dans les métiers à ratières dont je viens de parler, une partie de la chaîne reste en place, tandis que la partie qui se lève doit faire entièrement le pas, c'est-à-dire se lever assez pour laisser passer la navette, ce qui fatigue la chaîne.

Métier à lames, de TUER *et* HALL, *de Bury, près de Manchester.* — MM. Tuer et Hall, de Bury, près de Manchester, ont exposé un métier à lames dans lequel le mouvement est communiqué par-dessus et par-dessous le métier, de sorte qu'une partie des lames se lève pendant que l'autre se baisse, ce qui partage le travail de la chaîne en deux parties. Ce mouvement est donné par une chaîne à taquets, placée sur le côté du métier. Ces taquets agissent sur des leviers qui communiquent aux lames par des cordes et d'autres leviers en fonte disposés comme les bâtonnages des métiers à tisser à bras.

On a fait un grand nombre de systèmes de boîtes mobiles pour changements de navettes; les constructeurs anglais paraissent s'être arrêtés aux boîtes tournantes et aux boîtes verticales.

Boîte tournante à 6 navettes, *de* G. HATTERSLEY *et* SONS, *de Keighley, près de Bradford.* — Le constructeur qui fait le mieux la boîte tournante est M. G. Hattersley. Sa boîte a six navettes ; elle peut tourner en avant, en arrière, passer plusieurs navettes à la fois et faire toutes les combinaisons de 2 à 6 couleurs tissées à un nombre quelconque de duites paires. Les mouvements sont très-doux et les changements de navettes se font sans donner aucune vibration au métier.

J'ai vu plusieurs ateliers composés d'un grand nombre de métiers de ce constructeur ; tissant la nouveauté avec Jacquard ou ratières et boîtes tournantes, aussi vite et aussi facilement que la toile.

Boîtes à navettes à mouvement vertical, *de* TUER *et* HALL. — Le métier à lames de MM. Tuer et Hall avait trois boîtes mobiles verticalement de chaque côté du battant. Le mouvement était donné aux boîtes comme aux lames par des chaînes à taquets qui ne marchaient que lorsqu'il était nécessaire de changer de boîtes. Le mécanisme paraissait très-simple et semblait permettre de faire facilement toutes les combinaisons de trois couleurs tissées à un nombre quelconque de duites paires ou impaires. Je dis paraissait, car, quoique le métier marchât bien à l'Exposition, il faut au fabricant la consécration de l'expérience pour qu'il soit certain qu'une chose est bonne.

Métier à boîtes à navettes verticales, *de* MM. J. *et* W. WHITESMITH, *de Glascow.* — La maison J. et W. Whitesmith, de Glascow, a aussi exposé un métier à boîtes mobiles verticales, dont les mouvements sont bien combinés. On peut mettre de chaque côté du battant de 2 à 10 boîtes sans compliquer le mécanisme. C'est un métier qu'il serait très-intéressant d'étudier plus longuement qu'on ne pouvait le faire à l'Exposition, où l'on ne laissait prendre aucun croquis ni voir les détails comme ils demandent à être vus.

Trameuse de la même maison. — Cette maison a ajouté à son métier une petite machine à faire les trames, qui attirait l'attention par sa simplicité. Je ferai remarquer que les premiers moyens qu'on trouve pour arriver mécaniquement à un résultat donné, sont toujours très-compliqués; ainsi, pour parvenir à exécuter avec une machine ce qu'une ouvrière fait si facilement sur un rouet, on a imaginé toutes sortes de moyens plus compliqués les uns que les autres.

La trameuse de M. Whitesmith paraît réduite à sa plus simple expression. Sur la poulie folle du métier est posée une petite poulie à gorge, sur laquelle passe une corde qui commande la broche portant la buselle et un mouvement de va-et-vient pour la distribution du fil. La buselle se meut entre trois cônes polis qu'elle fait tourner par contact. A mesure qu'elle se remplit, elle monte d'elle-même, et elle s'arrête lorsqu'elle est finie. L'échet à dévider se place sur une tournette attachée au cintre du métier, à la portée de l'ouvrier, et la trame se fait sur la poitrinière. Comme c'est la poulie folle qui commande, la trameuse ne s'arrête jamais, que le métier soit en marche ou qu'il soit au repos. Il se fait deux trames à la fois, et la machine permet de travailler les matières les plus délicates.

Depuis qu'en fabrication de nouveauté on se sert beaucoup de cannettes couleurs, teintes avant filature, l'importance de la machine à trames a considérablement diminué. Mais dans les articles à carreaux où l'on emploie des laines couleurs en petite quantité, des trames coton et des trames soie en échets, la trameuse de M. Whitesmith est appelée à rendre des services à cause de sa simplicité.

Tels sont les principaux objets qui m'ont paru intéressants dans la partie du tissage. Il serait trop long d'énumérer tous les petits moyens employés pour éviter les inconvénients qui se présentent dans la marche d'un métier à tisser. Chaque constructeur a les siens, et c'est l'expérience seule qui démontre ceux qui sont réellement bons.

Lorsqu'on veut monter un atelier de tissage mécanique, la marche la plus rationnelle à suivre est de s'informer quels sont les meilleurs constructeurs de métiers, leur en demander quelques-uns disposés spécialement en vue de l'article que l'on veut fabriquer, et après des essais sérieux, compléter sa commande.

Je me mets à la disposition des personnes qui pourraient s'adresser à l'un de vous pour avoir, sur ce point spécial, des renseignements plus détaillés que ne le comporte ce rapport.

Par suite de la crise cotonnière que nous traversons et qui peut encore durer quelques années, la culture et l'industrie du lin sont appelées à se développer; car les tissus de lin pour les usages domestiques sont toujours plus recherchés que les tissus de coton; ce n'est que le bas prix de ces derniers qui les fait employer en aussi grande quantité.

Un inventeur de Paris, M. Edmond Bertin, vient de construire une machine qui teille le lin sans l'opération si malsaine du rouissage. Si cette machine est réellement bonne, c'est un grand progrès pour le travail de cette matière. Mais le peignage se fait aussi à la main; c'est une opération fatigante et malsaine pour l'ouvrier : il serait à désirer qu'il s'introduisît davantage de peigneuses mécaniques. La difficulté est de trouver une machine qui produise beaucoup et économiquement ; car la façon du peignage à la main est très-peu élevée pour le lin et le chanvre.

Peigneuse de lin de MM. JAMES COMBE *et* Cⁱᵉ, *de Belfast.* — J'ai vu à l'Exposition une peigneuse qui me paraît remplir ces conditions ; elle est de la construction de MM. James Combe et Cⁱᵉ, de Belfast. Voici comment elle travaille :

Le lin est saisi un peu plus haut que le milieu de la poignée, entre deux plateaux de fonte garnis de cuir à l'intérieur et serrés l'un contre l'autre par un boulon. Une série de ces plateaux sont posés sur un châssis qui a un mouvement alternatif vertical. Lorsque le châssis descend, les poignées de lin s'engagent par l'extrémité inférieure entre deux toiles sans fin, composées de barres de fer garnies d'aiguilles et placées en face l'une de l'autre. Ces toiles ont un mouvement rotatif continu. Les aiguilles entrant dans le lin enlèvent la paille et les étoupes. Ce peignage se continue lorsque le châssis remonte. Quand le châssis est arrivé en haut de sa course et que le lin est dégagé des aiguilles, une barre pousse horizontalement sur le châssis les plaques de fonte d'une quantité égale à leur longueur ; il se trouve ainsi une place vide au commencement ; on y met une autre plaque garnie de lin ; le châssis redescendant, le lin se peigne une seconde fois, puis une troisième, et ainsi de suite jusqu'à ce que les plaques de fonte aient parcouru toute la longueur du châssis.

Les aiguilles de la toile sans fin, qui sont d'abord grosses et écartées pour la première opération de peignage, sont de plus en plus fines et serrées pour les opérations suivantes :

Lorsque le lin a subi le dernier peignage, la plaque tombe sur une table où l'ouvrier la reçoit, il retourne la poignée de lin et il la replace au commencement du châssis pour peigner la partie qui ne l'a pas été. Il faut un ouvrier de chaque côté de la machine. En face de chaque toile se trouve un appareil pour nettoyer les aiguilles de l'étoupe et des impuretés qu'elles ont entraînées.

La même maison a exposé un assortiment de machines pour la filature du lin long.

Je pourrais encore vous parler de différentes choses que j'ai vues tant dans le bâtiment de l'Exposition qu'au Concours d'agriculture de Battersea, mais je laisse à de plus compétents et de plus érudits que moi le soin de vous dire quels efforts constants les Anglais apportent à faire progresser l'agriculture et à remplacer le travail pénible des hommes et des animaux par le travail plus productif de la vapeur ; quel esprit pratique ils mettent dans tout ce qu'ils font, depuis les opérations les plus importantes de l'agriculture jusqu'aux soins journaliers du ménage. Pour ne citer qu'un fait, je vous dirai qu'il n'est presque pas de famille anglaise qui ne possède des machines très-bien entendues pour laver, sécher et repasser le linge. Il y en avait un grand nombre exposées au concours de Battersea.

Ceux qui ont vu ces résultats chercheront, par un sentiment de noble émulation, à répandre autour d'eux les mêmes moyens, et contribueront ainsi à augmenter le bien-être de leurs concitoyens.

Ce sera la vraie gloire de ces luttes pacifiques qu'on appelle expositions universelles.

Peigneuse de Lin,
de Mrs James Combe & Cie de Belfast.

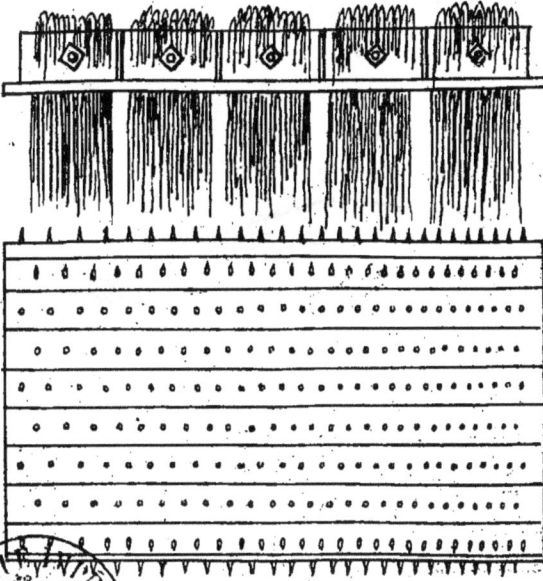

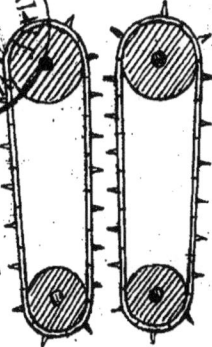

Métier à tisser le Calicot

Construit par M.rs W.m Dickenson & Son, de Blackburn,
et par M.rs John Dugdale & Sons, de Blackburn. (Brevet Taylor)

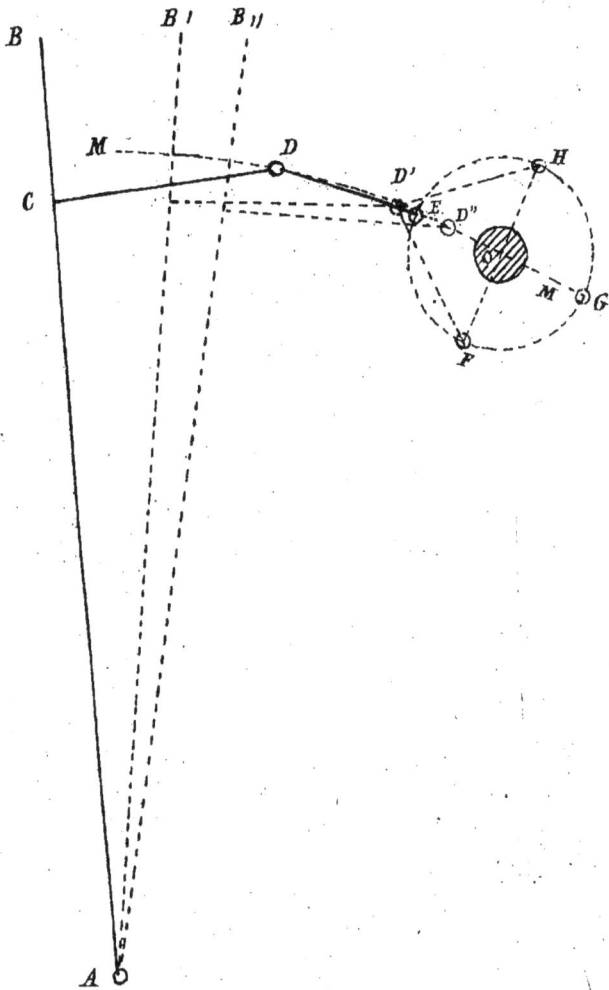

RAPPORT

DE M. FILACHET, CONTRE-MAÎTRE DE FILATURE, CHEZ
MM. CAMBRONNE FRÈRES, A SAINT-QUENTIN.

A Messieurs les Membres de la Chambre de Commerce de Saint-Quentin.

MESSIEURS,

Je commence par un devoir qui m'est très-agréable à remplir, c'est de vous remercier de la marque de distinction dont vous avez bien voulu m'honorer, en m'envoyant à l'Exposition universelle de Londres étudier les procédés nouveaux et les progrès que l'industrie fait tous les jours, pour simplifier le travail manuel ou le remplacer par le travail de l'intelligence. Si tout ce que l'on voit ne peut se graver dans l'esprit en même temps, il en reste toujours des germes qui se développent et qui s'appliquent suivant les besoins ou les occasions qui se renouvellent tous les jours.

Les exposants pour les machines de filature ne sont pas nombreux; il est regrettable qu'il n'y ait pas un seul Français ou étranger pour pouvoir établir des comparai-

2

sons. Les exposants sont au nombre de six, tous Anglais; les changements nouveaux sont peu importants, ce qui s'explique par les progrès immenses que la filature a faits depuis quelques années. MM. Platt-Brothers ont exposé une *Machine à égrener le coton*, système Macarthy, perfectionnée, à double action. Les perfectionnements introduits dans cette machine consistent dans une toile en bois sans fin qui mène le coton aux cylindres, dont le dernier, en cuivre, est garni de pointes d'acier; ce cylindre marche avec une vitesse accélérée, de manière à séparer les touffes en détail de la masse étalée sur la table.

Un autre perfectionnement consiste dans l'introduction de deux barres avec un mouvement vertical et vibrant : leur mouvement est alternatif et produit par une manivelle double; elles ont pour but de faire sortir les graines des fibres, pendant que celles-ci sont retenues par une plaque mince en acier qui presse sur le rouleau de devant; ce rouleau, couvert de cuir, d'une nature adhésive, d'environ douze centimètres de diamètre, ayant de petites rainures coupées en spirales sur sa surface, entraîne le coton sous la plaque mince d'acier, et les graines sont poussées au-dehors par l'arête des barres, et séparées ainsi des fibres qui sont emportées en avant et délivrées par un cylindre cannelé qui tourne dans le même sens que le rouleau. Cette machine peut nettoyer toutes sortes de coton, mais spécialement celles qui contiennent des graines molles et laineuses. Cette machine fonctionne bien, je l'ai vu marcher plusieurs fois. On peut passer cent cinquante kilogrammes en dix heures.

Le *Batteur* de M. Platt, avec enroulerie, présente plusieurs améliorations au moyen desquelles on obtient des courants d'air plus uniformes, et des rouleaux mieux feutrés, par l'emploi de cylindres dentés combinés avec des battes munies de lames et de cylindres d'alimentation couverts d'acier, faits d'après le procédé de Bessemer.

La *Carde en gros* est très-bien construite aussi ; il y a une amélioration dans le peigne qui ôte le coton du petit tambour ; cette amélioration consiste en une série de plaques minces d'acier, avec des dents fines et droites sur l'arête inférieure ; ces plaques sont fixées dans une barre rainée, attachée, à chaque bout, à une manivelle marchant très-vite, qui donne au peigne un mouvement vertical et vibratoire ; ce peigne permet d'accélérer la vitesse de la carde, et de carder plus fin en faisant autant de produit.

Vient ensuite une machine à réunir les rubans provenant de la carde en gros, elle forme des rouleaux pour alimenter la carde en fin ; il y a deux rangs de pots en fer-blanc, contenant des rubans ; de chaque côté de la table d'alimentation, qui a la forme d'un cône, il y a deux paires de rouleaux unis, dans toute la longueur, et parallèles aux côtés respectifs, qui prennent les rubans des pots et les délivrent sur la surface de la table ; cette machine est pourvue de casse-mèches qui la font arrêter à chaque ruban manquant ou simple. L'enroulerie est placée au bout large de la table ; les rubans sont tirés par assistance mutuelle ; car les rubans longs au centre se casseraient s'ils n'étaient pas assistés par ceux qui sont aux côtés. Cette machine paraît fort simple et fonctionne très-bien.

La *Carde en fin* présente des perfectionnements consistant dans l'arrangement de la machine, qui permet d'aiguiser parfaitement les chapeaux pendant que la machine est en travail, et de débourrer et aiguiser les autres parties de la machine sans les déplacer. Les étirages ont des cylindres d'acier et des cylindres de pression avec brosses tournantes pour le premier rang, et des chapeaux nettoyeurs, munis d'une toile sans fin, qui nettoient les cylindres supérieurs en passant dessus.

Le *Métier à filer continu* a des bandes qui recouvrent les plates-bandes et les porte-collets dans toute la partie de la machine ; elles sont levées au moyen de crémaillères de manière à permettre à l'ouvrière de graisser toutes les parties des broches sans interruption ; le porte-bobines amélioré en fer porte des chevilles d'acier, sur lesquelles les tubes en fer-blanc des bobines tournent et paraît facile à garnir.

Un *Renvideur* de six cent quarante-huit broches, remarquable par l'introduction de plateaux de fondation pour supporter la tétière, présente une solidité exceptionnelle ; voilà ce qui complète une des expositions les plus belles pour les machines de filatures.

MM. Dobson *et* Barlow, *de Boston.* — Leur exposition est remarquable par une *Carde double*, à rouleaux et à chapeaux se débourrant seuls, composée de quatre rouleaux et dix-huit chapeaux, pouvant servir, soit pour simple cardage, soit pour carde en gros pour les numéros fins où il est nécessaire de carder deux fois.

Les quatre rouleaux combinés, tous tournant dans le même sens, à la partie postérieure de la carde, sont ajustés de manière à se trouver presque en contact entre eux et avec le grand tambour, ce qui empêche l'engorgement de celui-ci, et divise le coton entre les rouleaux, de manière que l'alimentation s'opère sur plusieurs points à la fois.

L'appareil automate à nettoyer les chapeaux, qui est la partie la plus remarquable de la carde, se compose d'un châssis mobile à deux bras , dont chacun a pour centre de mouvement l'axe du grand tambour. Ces bras sont liés ensemble au moyen d'une tringle qui passe par-dessus la carde. Le châssis se trouve équilibré par des contre-poids et porte l'appareil à nettoyer qui soulève le chapeau ; la plaque à débourrer se glisse en-dessous, et le chapeau se trouve pressé par l'appareil contre la plaque, qui se retire avec un mouvement doux et régulier à-travers le chapeau en le nettoyant complètement ; remis à sa place, l'appareil continue sa marche pour répéter la même opération sur le troisième chapeau, et ainsi de suite ; lorsqu'il a fait le tour il revient prendre successivement les chapeaux omis dans sa première course.

Toutes ces opérations se font avec une régularité parfaite ; on peut varier la vitesse du débourrage à volonté, et varier d'un à cinq chapeaux par minute.

Une seconde carde à chapeaux se débourrant seuls, s'emploie comme carde en fin pour double cardage. Cette machine a le même appareil que la première ; de cette manière les débourreurs se trouvent supprimés complètement, et le débourrage se fait régulièrement ; c'est une occupation malsaine de moins pour les ouvriers, et une économie dans la main-d'œuvre.

Les *Renvideurs* de M. Dobson sont très-bien conditionnés et remarquables par un mouvement qui fait fournir dix centimètres de fils en renvidant.

MM. WALKER et HACKING ont exposé un *Batteur* qui présente une grande solidité ; il est remarquable par la simplicité de ses mouvements, n'ayant qu'une commande qui fait tourner la batte et, au moyen d'un renvoi, supprime une courroie.

A chaque coussinet est un bassin en-dessous, en forme

de tiroir, où l'huile qui se trouve en trop se dépose et est facilement retirée.

La détente, pour communiquer le mouvement de la poulie folle à la poulie fixe, est très-simple ; elle se compose d'une chaîne passée autour d'une petite poulie, placée sur l'arbre de renvoi qui commande le batteur, dans laquelle existe un pas de vis ; en tirant un côté de la chaîne, on fait tourner la poulie, et elle avance jusqu'à un arrêt en poussant la fourche ; puis en tirant de l'autre côté, la poulie se détourne et vient reprendre sa première position.

Les *Continus* de M. Walker ont des broches presque horizontales et en deux parties ; la partie supérieure, sur laquelle est fixée l'ailette, reçoit le mouvement par une noix placée au-dessus de cette ailette ; la seconde partie de la broche qui reçoit la bobine est commandée par le fil qui sort de l'ailette et qui s'enroule autour ; la résistance pour enrouler le fil est obtenue par un passement qui entrecroise les broches et que l'on tend à volonté ; les broches font six mille tours pour le numéro vingt. Cette disposition des broches paraît très-bonne pour remédier aux engorgements et facilite le travail pour les ouvrières, qui passent moins de temps pour rattacher. Tous les continus exposés n'ont qu'une pression sur le cylindre de devant ; la pression est faite naturellement par de gros cylindres en fer, non recouverts de drap ni de peau, sur les cylindres de derrière.

Les *Renvideurs* fonctionnent bien, il ont des porte-bobines horizontaux dans le genre des continus de M. Platt. Une brosse, placée contre le porte-système, nettoie continuellement, par un mouvement de va-et-vient tout le long du porte-système.

MM. William Higgins et Fils, *constructeurs à Salford (Manchester).* — Une *Carde automate* brevetée est exposée ; elle est perfectionnée par l'addition de deux rouleaux placés en-dessous du rouleau alimentaire. Ces trois rouleaux sont tous garnis de la même manière et tournent dans le même sens. Le coton est délivré par les cannelés au rouleau alimentaire de la manière ordinaire ; mais avant d'arriver au gros tambour, il est mis en contact avec le rouleau intermédiaire, duquel il reçoit un premier cardage : de cette manière il n'arrive au gros tambour que le coton cardé ; les flocons de coton qui restent sans être cardés sont ramassés par le rouleau intermédiaire et mis en contact avec le rouleau du bas, qui carde et divise les fibres du coton, permettant encore à une autre quantité de coton d'être délivrée au gros tambour.

Ainsi le coton, en arrivant au gros tambour, est déjà bien ouvert et cardé, séparé de la poussière et de la graine. Le rouleau du dessous ayant une vitesse accélérée supérieure d'environ quinze fois par minute à celle du grand tambour, enlève tout le coton resté sur la surface de ce dernier, qui se trouve débourré, et ensuite le gros tambour développant plus que le rouleau, le débourre à son tour. L'action de cette opération est complète, et le gros tambour n'a jamais besoin d'être débourré à la main. On peut carder de cette manière depuis le déchet jusqu'au coton le plus fin, et la production en est doublée.

Les *Bancs-à-broches* en gros et en fin, brevetés, ont des tubes stationnaires servant de collet pour maintenir les broches ; ces tubes partent du porte-broche et vont jusqu'au niveau du bas de l'ailette ; ils sont supportés par deux articulations à angle droit, attachées au porte-broche. Ces tubes sont supportés aussi à leur partie supérieure

par un collet ayant deux articulations semblables à angle
droit, attachées à la bascule ; quelle que soit l'irrégularité
des mouvements de la bascule, le collet glisse librement
sur le tube. La broche tournant en-dedans de ce tube est
tout-à-fait indépendante ; le pignon de la broche est mis
sans vis de pression, en faisant un carré à la partie inférieure de la broche, lequel entre aisément dans un trou
semblable dans le pignon. Ce pignon est soutenu dans
une portée indépendante, de manière que la broche peut
être facilement enlevée et replacée sans changer la position du pignon. Ce procédé permet de tout démonter,
graisser et nettoyer en moitié moins de temps que d'habitude. Les autres machines sont bien construites, mais
ne présentent rien de particulier.

M. John Mason, *à Rochdale, près de Manchester.* —
Les *Cardes doubles* de M. Mason sont remarquables en ce
sens que les côtés où sont entaillés les supports des rouleaux sont passés sur le tour, ce qui donne une grande
précision pour régler les rouleaux.

Les *Étirages*, par la longueur de leurs gorges de
cylindres, qui ont bien huit centimètres, sont une garantie
contre l'usure ; le diamètre des cylindres est au moins de
quarante-cinq millimètres ; ces machines présentent une
solidité à toute épreuve.

Les *Bancs-à-broches* brevetés ont une amélioration dans
la longueur du collet, lequel a environ vingt centimètres.
Ce collet est percé d'un trou dont le diamètre est plus
grand dans la partie du milieu qu'aux extrémités ; il en
résulte qu'avec moins de frottement la broche est main-
tenue en deux points éloignés l'un de l'autre, ce qui
empêche la vibration et permet d'accélérer la vitesse.

MM. Hétherington et Son. — Les chapeaux des *Cardes*

doubles se débourrent seuls aussi ; l'appareil consiste en un rouleau qui passe sur les chapeaux ; à chaque révolution de bas en haut, il y a deux chapeaux qui se retournent au moyen d'un quart de cercle denté fixé à chaque bout du chapeau. Ce mouvement n'est pas nouveau.

Le *Renvideur* exposé a un changement sérieux : la tétière est supprimée ; le mouvement se communique par un tendeur à charnière fixé sur l'arbre qui commande le renvideur, au moyen de deux bras placés de chaque côté de la poulie motrice ; ce tendeur suit le chariot dans son mouvement de va-et-vient. Tous les mouvements se trouvent placés dans le chariot et paraissent bien simplifiés ; le métier semble plus léger que les autres, les broches font sept mille tours. Le mouvement se communique aux cylindres par un arbre horizontal qui est placé au-dessus du chariot, et sur lequel existe une rainure longitudinale ; un pignon qui reçoit le mouvement de l'intérieur du chariot glisse sur cet arbre et est maintenu fixe au chariot. On ne peut se prononcer maintenant sur ce nouveau système de renvideur, l'expérience fera voir si ces changements sont aussi avantageux qu'ils le paraissent à première vue.

Une remarque à faire, c'est que la construction anglaise ne laisse rien à désirer sous le rapport de la force et de la beauté d'exécution ; on est forcé de se rendre à l'évidence en voyant toutes ces machines si bien construites, que les Anglais ont l'avance sur nous pour les machines de filature, et qu'il faut faire des efforts, qui ne sont pas au-dessus du génie français, pour arriver à leur niveau. Pour les filés, ils ne présentent rien d'extraordinaire, et les produits de Saint-Quentin peuvent leur être comparés avec avantage.

En visitant les métiers à tisser j'ai vu un nouveau système de collet pour toutes sortes de broches, exposé par
MM. John Dugdale et Son, de Blackburn. Il consiste en
un collet conique terminé par le petit bout d'un pas de
vis ; ce collet est fendu dans toute sa longueur, et étant
entré dans un tube qui s'ajuste dessus, on peut, au
moyen d'un écrou, le restreindre à volonté ; l'écrou est
fixé en-dessous et on serre facilement le collet avec une
clé à griffes ; de cette manière la broche est toujours main-
tenue très-juste.

Les métiers à tisser ne présentent pas beaucoup d'ap-
plications nouvelles pour les métiers mécaniques ; ceux
qui marchent avec une vitesse de trois cents coups et
plus exigent trop de soins et doivent coûter beaucoup de
réparations.

M. Taylor, *près d'Accrington*, a un métier qui mérite
une attention particulière par le changement introduit
dans les bras qui unissent les vilebrequins au battant ; ces
bras ont une articulation nouvelle qui les divise en deux
parties. La première partie, contre le battant, est main-
tenue fixe au moyen d'un support diagonal ; l'extrémité
inférieure de ce support est boulonnée au bas de l'épée ou
porte-battant ; ce support est muni de coulisses au moyen
desquelles on peut le hausser ou le baisser, ce qui permet
de faire varier l'angle de l'extrémité de la première partie
du bras. La seconde partie, qui est plus courte, se trouve
de cette façon élevée ou baissée à son point d'attache,
dont l'autre bout est en communication avec les vilebrequins, suivant la manière ordinaire. Par cette disposition, le mouvement s'accélère rapidement au commencement du coup et se retarde au passage de la navette. On
peut avec avantage faire fonctionner le métier avec plus

de vitesse, en même temps que la navette marche plus lentement; malheureusement le bâtis du métier laisse à désirer pour la force : par la grande vitesse des coups, qui sont de plus de trois cents, le métier éprouve trop de vibration.

MM. PLATT ont un métier de quatre-vingt-quinze centimètres de longueur sur le peigne, pour calicot, qui fonctionne très-bien et est d'une belle construction. Un cylindre amélioré pour l'enroulage, sans verre ou émeri, qui est adapté pour des étoffes légères et fortes, et un nouveau tampon ou ressort d'arrêt pour empêcher la brisure des canettes dans les navettes, sont des améliorations nouvelles.

Je me borne à ces deux citations, laissant à d'autres plus compétents le soin de vous rendre compte de toute l'organisation du tissage.

Voilà, Messieurs, les observations que j'ai pu recueillir et que je crois devoir vous soumettre; si vous pensez que je me suis approché du but que vous m'avez proposé, je m'estimerai très-heureux.

Dans cette espérance, je suis, Messieurs, avec un profond respect,

Votre dévoué serviteur.

FILACHET.

RAPPORT

DE **M. COLIGNON**, CONTRE-MAÎTRE DE FILATURE CHEZ
M. THÉRY, A SAINT-QUENTIN.

A Monsieur le Président de la Chambre de Commerce
de Saint-Quentin.

MONSIEUR,

Pour répondre à l'honneur que m'a fait la Chambre de
commerce, en m'admettant parmi les contre-maîtres qu'elle
a désignés pour aller visiter l'Exposition de Londres, je me
fais un devoir de vous remettre le détail des observations
et notes que j'ai cru devoir prendre pour ce qui concerne
ma partie, qui est la filature.

Si quelques parties de mon rapport laissaient à désirer,
je me ferais toujours un devoir de donner les renseignements qui seraient en mon pouvoir.

Cette branche d'industrie était très-bien représentée à

l'Exposition de Londres. J'ai remarqué que les constructeurs français et autres étrangers y avaient fait défaut, de
sorte que je n'aurai à m'occuper que des machines anglaises.

Le coton arrivant toujours égréné, je crois inutile de
parler des diverses machines nécessaires à cet usage, de
sorte que j'arrive à la filature proprement dite, laquelle
je divise en trois catégories.

1re Série.

Filature de gros, numéros 15 à 60.

Les cotons employés pour faire ces numéros étant en
soie courte et moyenne, surtout aujourd'hui que l'on est
obligé de filer des sortes de coton négligées jusqu'alors en
France, il est devenu indispensable d'employer des batteurs et cardes perfectionnés.

Les machines à ouvrir et les batteurs de MM. Platt frères
me semblent réunir les meilleures conditions pour cette
série de coton.

Les plus grands perfectionnements apportés dans leurs
batteurs consistent en ce qu'ils ont adapté un cylindre
en fonte garni d'environ 300 dents, lequel sert à prendre le
coton aux cylindres cannelés, pour le porter au volant,
ce qui permet de nettoyer parfaitement le coton sans
endommager la soie. La bonne disposition des courants
d'air de ce batteur, garni de quatre rouleaux calendreurs
dont la pression est faite par un nouveau système, permet
de faire des rouleaux très-durs dont la nappe, parfaitement
régulière comme épaisseur et largeur, se déroule parfaitement aux cardes.

Ce batteur, double ou simple, dont le ventilateur se
place en-dessous généralement, et au-dessus lorsqu'on

y est forcé par l'emplacement, est d'une construction irréprochable.

Diverses cardes réunissent de grands avantages, suivant les numéros que l'on veut faire.

Pour les gros numéros jusqu'à 20, la carde Higginos me semble être la seule que l'on doive employer dans les filatures faisant cette série.

Parmi les bonnes dispositions de cette carde, j'ai remarqué la manière avec laquelle le coton est livré au grand tambour, sur lequel il est bien distribué, développé et nettoyé, enfin bien préparé pour l'action des travailleurs et des nettoyeurs qui se débourrent mécaniquement.

Un des grands avantages de cette carde, c'est que le gros tambour est constamment débourré mécaniquement. Ce mécanisme de débourrage est mû par une courroie placée sur deux cônes dont elle parcourt la longueur pour faire marcher le débourreur plus ou moins vite. Le gros tambour étant débourré, reprend le coton sur le débourreur pour le repasser dans la carde, ce qui fait qu'ils se débourrent l'un par l'autre.

Les divers mécanismes de cette carde exigent une construction un peu compliquée, défaut largement compensé par la production, qui est de 90 à 100 kilogrammes par 12 heures de travail.

Les constructeurs de cette carde prétendent, en diminuant un peu le produit, faire du numéro 24 à 30 sans altérer la qualité du fil.

Pour les numéros 20 à 60, la carde de MM. Platt frères me semble être la plus convenable à cette série, en l'employant seule, c'est-à-dire comme cardage simple, pour les numéros 20 à 50. Pour les numéros 50 à 70, il est nécessaire d'en avoir deux séries, une comme carde en gros et l'autre comme carde en fin. Pour cette dernière, ces messieurs ont exposé une machine à réunir les rubans des cardes en gros ; elle est construite pour faire des rouleaux de la largeur entière de la carde ou de la moitié, suivant le besoin ; elle est garnie de casse-mêches, de sorte que la nappe est toujours régulière.

Cette carde est composée d'un briseur, de 3 rouleaux se débourrant mécaniquement, 5 travailleurs et 4 nettoyeurs gros et petit tambour, pot tournant.

La nappe que l'on met au cylindre d'alimentation commence à être peignée ou cardée par le briseur, dont la garniture de dents est disposée pour résister à la fatigue qu'elle subit par suite de cette opération. Du briseur, le coton passe sur le gros tambour, dont la vitesse est très-grande ; les débourreurs, marchant très-lentement par la disposition des dents, ramassent les ordures et aident à dresser les filaments. De ces rouleaux, le coton passe alternativement d'un débourreur à un autre ; au moyen d'un hérisson, il est rendu au gros tambour pour recommencer le même travail aux autres débourreurs et hérissons, tant que les fibres sont droites, d'où elles passent sur le petit tambour sur lequel elles sont encore dressées ; de sorte qu'en sortant par les rouleaux d'étirage fixés sur le devant de la carde, le coton est parfaitement dressé. La marche des pots tournants est combinée de manière que les plis de coton sont déposés dans l'intérieur du pot en tout petits rouleaux, de sorte qu'ils n'adhèrent jamais ensemble, même étant très-pressés.

Cette carde, entièrement en fonte, produit en 12 heures 40 à 55 kilos, suivant la nature de coton que l'on emploie.

Le gros et le petit tambour se débourrent à la main deux

ou trois fois par jour ; par sa disposition , une fois réglée, elle est d'un entretien facile.

Pour les étirages , MM. Platt frères ont apporté une amélioration consistant dans l'application de l'acier Bessemer pour la rangée des cylindres du devant ; pour la rangée des cylindres de derrière, la cannelure est beaucoup plus grosse. Les cylindres de pression sont grossièrement cannelés , de sorte qu'il y a économie de la garniture de cuir.

Un mouvement d'arrêt, quand le fil se casse sur le devant, a été appliqué sur la boîte d'enclinchement qui sert pour les casse-mèches de derrière. Enfin un chapeau nettoyeur, muni d'une toile sans fin , remplace très-avantageusement les anciens chapeaux fixés.

La filature de gros ne demande que deux à trois passages de bancs-à-broches , nommés bancs en gros , intermédiaire et fin. Ceux de la maison Platt, sans offrir de grandes améliorations nouvelles, me semblent encore être dans les meilleures conditions. Ils sont à deux cônes; deux courroies sont fixées sur ces cônes, afin que le métier n'arrête pas si l'une venait à casser.

Ces bancs-à-broches, dont les ailettes sont à double mouvement, presseur et centrifuge, ont des chapeaux nettoyeurs comme aux étirages.

Le progrès le plus notable est dans le métier *self-acting*, de Platt frères. Je crois qu'il n'a pas de rival, tant sous le rapport de la construction que sous celui de son travail. Ses principaux avantages consistent en l'emploi d'une poulie concentrique, remplaçant l'escargot dont se servent encore les autres constructeurs; elle est égale en circonférence à la longueur de l'aiguillée, et donne par conséquent une tension uniforme, un renvidage plus doux que celui à la main ; de là, point de coupures à la fermeture du chariot, lesquelles sont assez fréquentes dans les autres systèmes ; la grosse corde de renvidage est beaucoup moins fatiguée que sur des escargots, de sorte qu'elle dure beaucoup plus long-temps et évite par cela même bien des accidents.

L'arbre à quatre temps est commandé par des engrenages, ce qui en rend le mouvement sûr et sans bruit.

La corde de torsion, passée deux fois autour des poulies qui commandent le tambour horizontal, est encore un bon perfectionnement. Enfin le mouvement qui forme les canettes et qui arrête et fait baisser les baguettes, le système de pieds du porte-cylindres, disposé de manière à le dresser sur un plancher inégal sans l'emploi de cales, en font ce qui a paru de mieux jusqu'ici.

Les continus qui font partie de la filature de gros, étaient exposés par divers constructeurs; leurs systèmes sont à peu près les mêmes. Je me suis arrêté à un d'eux, de MM. Platt frères; j'ai admiré la beauté du fil qu'il faisait en numéro 30; la construction est aussi admirable.

La maison Walker et Hacking a exposé deux systèmes, dont un se rapporte à celui de Platt; l'autre a ses broches inclinées et immobiles. Le fil reçoit son tors par les ailettes, qui font 5,000 tours par minute; il paraît être fort léger, avantage fort important pour ces métiers qui sont généralement délaissés à cause de la force motrice qu'ils emploient; dans ce système, les fils sont plus difficiles à rattacher, mais je crois qu'avec le temps on en prendrait l'habitude.

Je complète cette partie de mon rapport par des faits existants que je prends, avec l'autorisation de M. Théry, dans sa filature dont je suis le contre-maître.

Cet établissement a été remonté récemment avec toutes

machines de MM. Platt frères, en tout pareilles à celles exposées à Londres par ces messieurs. Ce matériel n'exige plus, en y comprenant toutes les personnes employées à quelque titre que ce soit, que six personnes par 1,000 broches.

2e Série.

Filature de fin.

Le coton que l'on emploie dans cette série est en longue soie ; il demande de grands soins et des variations dans la manière de le battre.

Le batteur de MM. Walker et Hacking est le mieux disposé pour le travail de ce coton ; il est double, c'est-à-dire à deux volants ; une ouvreuse y est adaptée à la suite de la chaîne sans fin. Le mouvement de la chaîne sans fin amenant le coton aux cylindres cannelés, est commandé par celui de derrière, au moyen d'une courroie placée sur deux cônes, l'un placé sur le mouvement de derrière, et l'autre sur celui de devant ; cette courroie se place au point que l'on désire, de sorte que l'on donne un tirage variant depuis un jusqu'à trois.

Dans les petites filatures, le batteur est généralement disposé de manière à pouvoir y repasser trois ou quatre rouleaux du premier battage, afin d'avoir une nappe régulière. Pour celui de MM. Walker et Hacking, il est nécessaire d'en avoir un simple destiné aux doublages.

J'ai remarqué que le coton, après le second passage, était tellement bien battu, les nappes sur les rouleaux étaient si régulières, que je les ai comparées aux anciennes nappes que l'on faisait autrefois sur les gros tambours de devant des cardes en gros.

La construction élégante, la facilité du travail, les tiroirs placés pour recevoir le coulage de l'huile et du cambouis, enfin le produit de son travail en font le batteur le mieux perfectionné que j'ai vu dans cette série.

Le cardage du coton longue soie se fait, soit par l'emploi d'une carde en gros et d'une en fin, soit par un seul passage de cardes, le second étant remplacé par des peigneuses.

La carde nommée *Patent combined Roller and self stripper card*, de MM. Dobson et Barlow, est composée de chapeaux et de rouleaux; un mécanisme très-ingénieux, juste et certain, débourre parfaitement de un à cinq chapeaux par minute; cette carde est destinée pour le premier passage dit cardage en gros.

Pour le second passage, c'est la même carde avec une modification ; les rouleaux sont remplacés par des chapeaux dont le nombre est porté à 18, tous se débourrant parfaitement à la mécanique, j'ose dire mieux qu'à la main.

MM. Platt ont aussi exposé une carde réunissant de bonnes qualités, pour le coton fin. Au-dessus du gros tambour se trouve une toile sans fin, garnie de chapeaux qui peignent le coton et lui enlèvent ses ordures.

Pour les étirages, je n'ai remarqué rien de bien nouveau ; ceux de MM. Walker et Hacking, avec mouvement d'arrêt par-derrière et par-devant, m'ont paru les mieux disposés pour le fin.

Il en est de même des bancs-à-broches. La série exposée par MM. Dobson et Barlow, est celle qui me paraît la plus convenable pour cette partie. Les broches pour le fin tournant très-vite, fatiguent les porte-collets; ces Messieurs ont amélioré cette partie en les faisant très-solides. En somme, cette maison, comme celles de MM. Platt et de MM. Walker et Hacking, ne laisse rien à désirer sous le rapport de la construction, où l'élégance est jointe à la solidité.

Les renvideurs ne font pas généralement les numéros au-dessus de 100 ; je n'ai remarqué que ceux de MM. Dobson et Barlow pour faire cette partie. Sur les métiers le coton paraissait beau, mais les bobines laissaient à désirer sous le rapport de la façon : les mouvements sont durs et saccadés, le mécanisme très-compliqué.

L'exposition de la maison Platt était plutôt composée de machines servant à la filature de gros ; si leur métier renvideur avait été disposé pour faire du fin, je crois qu'il l'aurait aussi emporté sur les autres dans cette série.

3ᵉ Série.

Filature de surfin.

Cette partie de la filature faisait presque défaut.

La préparation peut être à peu-près la même que pour la filature de fin, en adoptant la carde de Dobson ou celle de Platt, comme carde en gros, et en peignant le coton.

Un banc-à-broches de M. Mason, destiné à faire des mèches nᵒ 40, représentant du nᵒ 300 au métier à filer, figurait bien à l'Exposition ; je n'ai jamais pu le voir fonctionner. On m'a montré des bobines, en m'assurant que c'était de son produit ; elles ne laissaient rien à désirer.

Je vous prie, Monsieur le Président, de recevoir mes remerciments sincères,

Et de me croire votre très-humble serviteur.

COLIGNON JULES.

RAPPORT

DE M. LÉVÊQUE, D^r DE TISSAGE CHEZ MM. FÉROUELLE
ET ROLLAND, A HOMBLIÈRES, PRÈS DE SAINT-QUENTIN.

—————

A Messieurs les Membres de la Chambre de Commerce
de Saint-Quentin.

MESSIEURS,

Avant de vous soumettre le rapport de ce que j'ai
remarqué à l'Exposition de Londres, il est de mon devoir
de vous remercier de la faveur que vous m'avez accordée
en m'admettant au nombre de ceux que vous avez en-
voyés à cette Exposition, afin d'en visiter les produits et les
inventions qui se rattachent à notre rayon industriel et
d'en rapporter le plus de notions possible ; c'est donc avec

la plus profonde gratitude que je viens vous prier, Messieurs, d'agréer mes sincères remerciments et l'assurance de mon plus profond respect.

LÉVÊQUE.

———

S'il est une chose à laquelle le monde doit s'attacher plus qu'à toute autre, c'est assurément l'Agriculture, car c'est elle qui satisfait le premier besoin : je veux dire la nourriture.

Mais comme tous les hommes ne peuvent s'occuper d'agriculture, et qu'on a d'autres besoins que celui dont je viens de parler, on a été obligé d'aviser à faire quelque chose qui fût en rapport avec ces divers besoins ; c'est ce qui a amené l'industrie manuelle. Or, cette industrie manuelle a beaucoup de diversités selon les pays et encore plus selon les besoins et le luxe ; on est donc arrivé à s'échanger mutuellement certaines choses contre certaines autres ; de là le commencement du commerce. Plus tard, lorsque la monnaie a été inventée, au lieu de donner des marchandises pour d'autres marchandises, on les a échangées contre de l'argent, et cette coutume de commercer a continué jusqu'à nous.

Mais pour exercer ces différentes sortes d'industries, il a encore fallu avoir recours, les uns au règne animal, les autres au règne végétal, et enfin d'autres au règne minéral.

Comme dans l'industrie que je professe c'est le coton qui domine, je ne m'occuperai que de ce végétal.

Le coton nous vient de plusieurs endroits et, par cette

raison, il y en a de plusieurs qualités ; ainsi le plus commun nous vient de l'Inde et le meilleur nous vient de Géorgie ; mais on en reçoit de qualités meilleures que celui de l'Inde et cependant inférieures au Géorgie, et qui nous viennent, les uns d'Egypte, les autres de la Louisiane, d'autres de Perse (île de Tylos dans le golfe Persique), etc., et dans quelques années on espère en récolter en assez grande quantité en Algérie. Peut-être alors n'y aura-t-il plus de crise aussi funeste au commerce que celle que nous traversons en ce moment.

Autrefois, quand le coton était dépouillé de son enveloppe, des Nègres, ou habitants des contrées où on le récolte, séparaient à la main la graine du duvet. Aujourd'hui on se sert, comme je l'ai remarqué à l'Exposition, d'une espèce de carde qui fait absolument le même travail et sans casser aucun grain de semence. Je pense que cette invention est appelée à rendre de grands services à l'industrie en améliorant le lainage du coton et par conséquent en rendant le travail du filateur plus facile.

Voilà pour les premières manutentions du coton. Nous passons de là à ce qui regarde la filature sur laquelle je ne m'étendrai pas, laissant à d'autres délégués le soin d'en parler.

J'arrive donc au bobinage.

On entend par bobinage une opération que l'on fait subir au coton, en le tirant des canettes de filature pour l'enrouler sur des bobines en bois.

Il y a quelques années seulement, on ne connaissait, dans notre rayon, que le bobinage à la main, c'est-à-dire au rouet ; ce genre de travail devenant très-coûteux aux industriels, et les ouvrières y occupées ne gagnant que des journées minimes, quoique cependant il soit assez minu-

tieux, ce genre de travail, dis-je, a été remplacé par des
bobinoirs mécaniques inventés depuis déjà assez longtemps,
et que l'on tournait à la main; mais les progrès de l'industrie allant toujours croissant, on a fini par les faire
marcher par la vapeur, ce qui a donné à ces métiers une
impulsion plus forte et en même temps une plus grande
vitesse.

C'est un métier de cette sorte que MM. Charles Parker
et Sons, constructeurs à Dundée, ont exposé; mais il
diffère de ceux qui sont en usage dans notre contrée, en
ce qu'il a les broches couchées et qu'elles sont mues par
une poulie qui tourne sur un galet de chaque côté de la
bobine, ce qui empêche celle-ci d'être assez dure; et de
plus, ce métier tient beaucoup plus de place que ceux
dont j'ai parlé plus haut, qui ont les bobines droites et
sont mues par un tambour sur lequel passent autant de
cordes qu'il y a de bobines. Il y a même dans quelques
maisons de fabrication un ou plusieurs bobinoirs système
anglais. Ce système est aussi à broches couchées; mais
les poulies qui les font mouvoir sont de toute la largeur
des bobines et en font tourner une sur chaque face du
métier.

Lorsque le coton est ainsi bobiné, on le passe à l'ourdissoir.

L'ourdissoir a pour but unique de classer, d'arranger
les fils et de les disposer en chaîne, ce qui s'obtient en
enroulant sur un cylindre les fils des bobines.

Dans le temps qu'on bobinait à la main, on se servait,
pour ourdir, d'une passette en bois garnie d'œillets en
verre ou de petites broches en bois qui avaient l'air
d'épingles; on étendait les fils dans cette passette, et on
les faisait passer chacun par un trou ou par une épingle,

pour aller s'enrouler sur une espèce de lanterne octogonale faite avec des barres de bois. Mais ce système donnait lieu à de grandes difficultés, surtout parce que la chaîne était encollée et pouvait à tout instant se mêler et embrouiller les fils de manière à faire passer beaucoup de temps à l'ouvrier, si ce n'était même à faire perdre la chaîne entière. Quand la chaîne était ainsi préparée, on l'étendait de nouveau à l'air ou à la chaleur jusqu'à ce que la colle fût entièrement sèche, ce qui demandait encore quelques jours, et seulement alors on pouvait la livrer au tissage.

Pour obvier à ces difficultés toujours renaissantes, on ourdit maintenant sur un système de métier où les bobines sont rangées comme dans un casier; chaque fil, après avoir été guidé par un certain nombre de cylindres (souvent trois), vient s'enrouler sur un autre cylindre qui reçoit un mouvement de rotation par le moyen d'un tambour sur lequel il tourne, et c'est de ce moment qu'on prend la chaîne pour la mettre sur le métier à parer dont je donne la description plus loin.

Ce genre d'ourdissoir est sans contredit supérieur à tous ceux que l'on a vus jusqu'alors; ce qui prouve une fois de plus que l'industrie fait de très-grands progrès vers la perfection.

C'est un *Ourdissoir* de cette façon que MM. J. HARISSON et SONS, constructeurs, ont soumis à l'appréciation du public; il n'avait de différence avec celui que je viens de décrire, qu'en ce que le casier était un prisme triangulaire au lieu d'être horizontal. Quant au mouvement, c'était absolument le même.

Comme je le disais plus haut, les cylindres chargés de fils que l'on obtient en ourdissant, sont portés à la machine à parer, c'est-à-dire à encoller les chaînes. Cette machine reçoit à la fois plusieurs de ces rouleaux qui sortent de l'ourdissoir.

Avant que cette machine fût inventée, les fabricants donnaient à leurs ouvriers la chaîne encollée à la main ; alors ceux-ci étaient obligés de l'ourdir une seconde fois, c'est-à-dire de prendre la chaîne et de la diviser par portées, pour la faire passer dans un cadre en bois muni de broches aussi en bois, et qui était de la largeur que le tissu devait avoir. Ces fils étant ainsi disposés, deux, trois ou plusieurs de ces ouvriers se réunissaient, l'un, pour tenir la chaîne à la sortie de son espèce de cocon, un deuxième tournait le cadre pour le faire varier, et un troisième tournait l'ensouple sur laquelle s'enroulaient les fils. Ce travail étant encore plus difficile que l'ourdissoir à la passette, et les ouvriers étant encore obligés d'encoller leur chaîne avant que de tisser, on a préféré se servir de la machine à parer qui a pour but, ainsi que je l'ai déjà dit, de donner, au moyen de colle, une sorte d'apprêt aux fils, de manière à rendre leur surface lisse et polie, et à leur donner aussi une certaine force, le tout pour faciliter le travail en lui donnant de la régularité et en diminuant la rupture des fils.

Lorsque les rouleaux d'ourdissoir sont placés sur le métier à parer, leurs fils vont, en passant entre deux cylindres de pression superposés dans des bacs remplis de colle, s'enrouler sur un autre cylindre nommé ensouple, lequel est destiné à être placé sur le métier à tisser, et est de la même largeur que le tissu qu'il devra faire.

La machine à parer est munie de deux brosses en mouvement, l'une par-dessus les fils, et l'autre par-dessous ; ces brosses sont destinées à étaler régulièrement la colle sur les fils, en brossant toujours du même sens.

Pour faire sécher la colle au fur et à mesure que les fils s'enroulent, on se sert de tuyaux de chauffage (calorifères ou à vapeur), et l'on envoie cette chaleur sur les fils avec un ventilateur qui tourne presque perpendiculairement sur ces tuyaux, et qui, par le vent qu'il produit, fait encore sécher davantage.

La chaîne ainsi apprêtée va donc s'enrouler sur un cylindre destiné au métier à tisser. On enroule sur ce cylindre une longueur de fil capable de donner plusieurs pièces de tissu, afin qu'il n'y ait pas autant d'interruption dans le travail du tissage. Il y a même certains pareurs qui, pour donner plus de dureté à l'ensouple, et afin d'y mettre plus de coton, placent dessus un tambour très-lourd qui donne de la pression à la chaîne et monte à mesure que l'ensouple grossit ; mais ce genre de parage est peu usité.

Pourtant c'est un métier de cette façon que MM. Ch. Parker et Sons ont exposé aux regards des visiteurs ; il ne diffère de ceux en usage parmi nous, qu'en ce que les brosses de dessus sont cylindriques, tandis que celles de dessous sont plates et ont une soie très-courte.

Il existe encore un autre système d'encollage dont nous ne pouvons nous servir dans nos articles, à cause des cotons fins que nous employons, mais qui doit rendre de grands avantages de production dans les gros numéros.

Je passe au tissage.

Avant qu'on ne parât mécaniquement, les ouvriers tisseurs étaient obligés, aussitôt leur chaîne renouée à celle qu'ils venaient de finir, d'étaler eux-mêmes la colle sur les fils, le premier encollage n'étant fait que pour donner plus de consistance au coton, et n'étant pas assez fort pour en rendre la surface assez lisse pour tisser.

Pour ce parage, on prenait deux brosses, une dans chaque main ; on les enduisait de colle et on les frottait sur les fils, l'une en-dessus, l'autre en-dessous, et toujours du même sens.

Alors on prenait du feu dans une pelle quelconque et on le passait sous les fils pour les faire sécher. Pendant cette opération, il fallait continuer de frotter les fils avec une brosse bien sèche pour empêcher qu'ils ne se tordissent ensemble par l'action de la chaleur. Quelquefois même on approchait le feu trop près, et alors on brûlait la chaîne, ce qui faisait une perte réelle pour le fabricant et pour l'ouvrier, ce dernier étant obligé de reprendre les fils un à un sur l'ensouple, ce que nous appelons repiquer. Ce sont tous ces inconvénients qui ont déterminé les industriels à se servir des pareuses mécaniques, qui sont de beaucoup préférables sous tous les rapports.

Je disais donc que le cylindre appelé ensouple se retirait du parage pour être mis au tissage. On fait toutes sortes d'articles avec ces cotons parés ; mais je ne parlerai ici que d'une partie de ceux qui sont en vigueur dans notre contrée, tels que le calicot, les mousselines et les gazes brochées pour meubles. En général le calicot se fait mécaniquement ; il suffit, pour cet article, d'avoir une armure qui ne se compose que de deux lames, quelquefois quatre ; mais alors les quatre ne font que le travail de deux. C'est un métier comme cela que MM. WILLIAM DICKINSON et SONS, constructeurs, ont exposé. Ces Messieurs sont arrivés à un point de perfection que l'on n'aurait pas cru pouvoir atteindre ; il sera facile d'en juger en sachant que ce métier donne jusqu'à 340 et 350 coups de battant par minute, et qu'un frein, mû par le débrayage et par le moyen d'une tige en fer qui supporte un poids

de charge, vient arrêter le métier en en serrant le volant
aussitôt qu'on le débraie.

C'est encore à un métier de cette sorte que M. Isaac
WHITESMITH, constructeur, a adapté un système pour que
les trames se fassent elles-mêmes par la rotation du métier. C'est l'arbre coudé du métier à tisser qui commande,
moyennant une corde, deux petites roues armées de bu-
selles en bois et sur lesquelles s'enroule le fil. Les trames
prennent forme par l'attouchement continu de trois cônes
tournants placés la tête en bas. Pour le va-et-vient de la
trame, l'arbre coudé commande une petite roue, qui elle-
même fait tourner un engrenage avec cœur qui fait mouvoir une vergette en fer sur laquelle passe le fil de trame.

Ayant eu l'occasion de causer avec le représentant de ce
constructeur, j'ai su par lui que ce système de tramer mécaniquement est tout nouveau et inventé par cet industriel
lui-même. C'est encore un grand pas fait dans l'art du
tissage, et qui permettra aux ouvriers de ne plus avoir
recours à des femmes trameuses qui peuvent laisser perdre
le coton lorsqu'elles n'y portent pas une très-grande attention, et qui, en outre, peuvent faire perdre du temps
aux tisseurs par leurs trames mal faites.

Ce même constructeur a exposé un autre métier sur
lequel on pourrait prendre modèle pour y adapter les
mousselines brochées pour meubles : c'est pour l'élévation
des boîtes du battant, laquelle se fait moyennant une
poulie à laquelle il y a des trous ou des chevilles, selon le
besoin. Cette roue est faite à engrenage commandé par
un régulateur, qui prend naissance à une douille placée
sur l'arbre principal du métier, et qui correspond à la
tige des boîtes par un balancier allant rejoindre un ressort
en forme de sifflet.

Je passe aux mousselines brochées pour meubles.

Quoique, à l'Exposition, il n'y ait pas de métier à faire ces articles, cela ne m'empêchera pas d'en parler un peu. Ainsi l'armure, ou passage des fils, est la même qu'aux articles calicot ; c'est-à-dire qu'il n'y a qu'un simple croisement de chaîne, de là le nom de mousseline ; mais à cette mousseline on a voulu tisser des fleurs, c'est ce qu'on appelle le broché.

Jusqu'à la fin du XVIII° siècle, pour faire ce broché, on était obligé d'avoir recours à une petite tire ou à une infinité de marches, et l'on ne pouvait faire de grands dessins qu'avec ce dernier moyen ; mais cela devenait gênant pour l'ouvrier ; assez souvent même, il était obligé de se servir d'une deuxième personne pour lui faire lever les fils qui devaient faire le broché. Mais au commencement du XIX° siècle, apparut en France un génie créateur, un homme qui opéra une révolution complète dans le tissage. Cet homme, ce génie, ce fut Jacquard.

Du moment que Jacquard eut inventé son métier automatique, cette révolution aurait pu être opérée si l'auteur en avait été récompensé ; mais il n'était qu'un obscur fabricant de chapeaux de paille ; il fut donc obligé d'abandonner son invention. Toutefois, comme les bonnes choses finissent toujours par arriver à bien, il se trouva par hasard que le filet que Jacquard avait fait avec son métier, se trouva entre les mains des autorités de Lyon, sa ville natale. Ce fut alors le commencement de la gloire de Jacquard, quoique pourtant il eût encore à supporter des vicissitudes assez grandes, tant de la part des industriels que de la part des tisseurs de Lyon.

Ce ne fut que plus tard qu'on eut recours à cette invention, et ce n'est guère que depuis vingt à vingt-cinq

ans que cette mécanique a pris un grand développement
et que ce procédé fournit à notre industrie les moyens
d'augmenter la supériorité de ses produits, en leur faisant
brocher ou nuancer tous les dessins que l'on veut avoir,
aussi petits et aussi grands qu'on le désire, le tout par le
moyen de cartons.

Un avantage au moins aussi grand que celui que je viens
de nommer, et qui, aussi, a rapport aux mousselines
brochées, c'est que depuis que la mécanique Jacquard est
bien connue et surtout bien perfectionnée, on fait ces
articles avec des métiers marchant par vapeur, ce qui fait
faire beaucoup plus de pièces de tissus qu'on n'en faisait
à la main.

La mécanique Jacquard vient tout récemment encore
de recevoir une nouvelle perfection ; c'est le remplace-
ment des cartons par du papier. Ce moyen a été découvert
par MM. Escande et Cᵉ, de Paris. Le temps nous dira si
ce système vaut l'autre. Pour ma part, je pense qu'il est
supérieur, en ce qu'il diminue les prix de revient sur le
non-emploi des cartons qui coûtent très-cher.

Les gazes brochées ne diffèrent des mousselines brochées qu'en ce que l'armure est faite de manière à donner
un croisement à la chaîne, et telle qu'on croirait que les
deux fils se tordent entre eux ; on appelle cette armure
Tour ou Passage anglais. Cette armure est faite à quatre
lames et deux courts-bras, un pour le pas dur et l'autre
pour le pas doux.

J'ai vu à l'Exposition un *Battant à conducteur magné-
tique*, inventé par M. MOULIN, de Vals (Ardèche), et qui
pourrait très-bien convenir aux mousselines brochées mues
par vapeur et surtout pour les grandes largeurs. Peut-être
même qu'avec ce battant, on pourrait avantageusement

4

faire la gaze au métier mécanique, vu qu'il n'a pas une vitesse de lançage aussi grande que ceux qu'on emploie en ce moment. Il est fait en bois recouvert d'une plaque de cuivre. La navette est mise en mouvement par l'attraction que lui donne un chariot en cuivre surmonté d'une pierre d'aimant, et qui passe immédiatement sous le pont du battant. Ce chariot reçoit son mouvement de va-et-vient par une chaîne crémaillère qu'on fait varier suivant le besoin.

Lorsque les tissus dont je viens de parler sont enlevés du métier à tisser, on les dispose sur une machine à découper, afin d'enlever les parties flottantes que le dessin laisse entre les fleurs. Cette machine découpe ces parties par la rotation d'un cylindre en fonte armé de dix à quinze lames en acier et disposées en spirales, et par la pression que ces lames donnent sur une autre appelée lame-femelle. Après que la première coupe a été donnée par la machine elle-même, un ou plusieurs ouvriers brossent le tissu du côté où le broché flotte, afin de relever et faire couper ce qui n'aurait pas été atteint la première fois. On recommence ainsi jusqu'à ce que le dessin soit bien distingué. On peut faire ainsi, par jour de douze heures de travail, et en moyenne par machine, de vingt-cinq à quarante pièces de 75 à 90 centimètres de largeur et de 50 à 60 mètres de longueur.

Il existe encore, comme je l'ai remarqué, à l'Exposition, un genre de *Tondeuses* dont je ne parlerai pas, vu qu'il ne s'applique qu'aux velours, aux draps et aux tapis. Le constructeur de ces machines, qui est belge, m'a assuré qu'on peut tondre de 15 à 18 pièces par jour des articles que je viens de nommer, et qu'il vend ses métiers 1,700 francs, en largeur de 1 mètre à 1 mètre 25.

Enfin, Messieurs, je remarque que tous les nouveaux systèmes dont je viens de parler, loin de nuire aux ouvriers, leur facilitent le travail, et quoique les façons soient payées moins cher au mètre, ils y retrouvent, par la plus grande production, des journées au moins aussi fortes qu'avec les anciens; de plus, le commerce y trouve une diminution de prix très-grande, ce qui nous permet de soutenir la concurrence anglaise qui, du reste, n'est pas sérieuse, d'après l'aperçu que j'ai pu faire des brochés anglais similaires aux nôtres.

RAPPORT

DE M. ROMANETTE, CONTRE-MAÎTRE CHEZ M. MARIOLLE-
PINGUET, CONSTRUCTEUR-MÉCANICIEN A SAINT-QUENTIN.

A Messieurs les Membres de la Chambre de Commerce
de Saint-Quentin.

MESSIEURS,

Le temps qu'il m'a été possible de consacrer à la
visite de l'Exposition de Londres étant limité par les
ressources dont je pouvais disposer et par les obligations
de mon travail, je n'ai pas la prétention de pouvoir vous
présenter un rapport complet, en présence surtout de la
défense, sévèrement appliquée, de prendre des notes ou
des croquis dans l'intérieur du palais de l'Exposition.

L'ensemble des machines à vapeur ne présente rien de

bien nouveau ; les améliorations, si toutefois il en existe, portent sur les détails et non sur l'ensemble. Les machines horizontales forment la classe la plus nombreuse. Toutes sont construites selon les formes et modèles en usage depuis long-temps ; une seule de ces machines, exposée par MM. WALER, MAY et Co, sort de la voie tracée, en ce qu'elle est du système Wolf, et que jusqu'à ce jour aucun des essais tentés n'avait amené de solution heureuse dans l'emploi de ce système pour machines horizontales.

Une machine horizontale de huit chevaux, exposée par M. BOURDON, de Paris, mérite encore d'être citée pour sa bonne exécution et aussi pour la disposition des tiroirs, appliqués à chaque extrémité du cylindre. Cette machine fonctionne bien ; reste à savoir si les résultats économiques seront considérables pendant un travail industriel.

Parmi les machines fixes, il en est d'autres qui se font remarquer par leurs proportions énormes ; elles sont surtout destinées à la marine militaire, l'industrie privée n'ayant pas l'occasion d'employer des forces aussi considérables sur un seul point.

La collection des machines-outils est en tous points remarquable, et ce n'est que par l'emploi bien compris de ces appareils qu'il est possible à l'industrie anglaise de produire, dans beaucoup de circonstances, à meilleur marché que nous, quoique payant la main-d'œuvre à un prix plus élevé. Les machines à percer, à mortaiser ; les tours, les machines à raboter le fer, les cisailles, etc., se font toutes remarquer par des dispositions qui, sans être toutes nouvelles, offrent de nombreux perfectionnements. Le grand nombre de ces engins, la complication de leurs mécanismes divers demanderaient un examen et une étude qu'il ne m'a pas été possible de faire en aussi peu de temps.

Je mentionnerai aussi l'excellente exposition des outils
à travailler le bois, au moyen desquels on exécute en
Angleterre tous les travaux de menuiserie, de charpente,
de charronnage, etc. Les scies verticales, horizontales;
les scies à rubans sont largement représentées; mais sous
le rapport de la construction la France n'a rien à envier à
l'Angleterre, et nos outils exposés sont aussi bien conçus
que ceux de nos voisins : seulement l'emploi que nous en
faisons est beaucoup trop restreint.

Je dois citer aussi, parmi les ouvrages remarquables de
cette section, les différentes sortes de marteaux à vapeur
dont la précision et la justesse ne laissent rien à désirer,
surtout celui exposé par MM. Morisson, Robert et Cie.

Les Anglais ont exposé un grand nombre de machines à
faire les briques et les tuyaux de drainage. Leurs énormes
proportions, la force nécessaire pour les actionner ne
m'ont pas paru en rapport avec leurs produits; mais il en
est une exposée par MM. Cazenave et Cie, de Paris, qui
me semble avoir victorieusement résolu la fabrication mécanique de la brique. Ces Messieurs, abandonnant la voie
jusqu'à ce jour suivie de comprimer la terre, ont eu l'idée
d'employer le laminage; les résultats obtenus sont tout-
à-fait remarquables comme vitesse d'exécution et facilité
de marche. Cette machine est, sans nul doute, appelée
à un grand avenir.

Les moulins à farine exposés par les Anglais sont très-
nombreux; je n'ai rien vu de remarquable dans leur construction, et ce que nous faisons en France est au moins
supérieur. La plupart des moulins exposés sont destinés
surtout aux exploitations agricoles; les meilleurs en ce
genre sont exposés par MM. Ruston, Proctor et Cie.

Les machines et appareils pour sucrerie sont peu nom-

breux ; la maison CAIL et C¹ᵉ, de Paris, est celle qui, en
ce genre, présente les appareils les mieux conçus et les
plus solidement établis.

La distillerie est aussi fort peu représentée, et aucune
disposition nouvelle n'est exposée.

Les machines, appareils et outils employés par l'agriculture sont en quantité considérable; les Anglais ont en
ce genre une magnifique exposition.

Les locomobiles, si usitées dans les exploitations agricoles, sont exposées par presque tous les constructeurs
anglais. Elles sont en général bien et solidement construites, mais les constructeurs français, qui font spécialement ces machines, en présentent d'aussi bien conçues
et aussi convenablement travaillées.

Les manéges à un ou plusieurs chevaux sont aussi très-
nombreux ; les uns sont fixes, et alors le système est porté
par un bâtis en fonte ; d'autres sont mobiles et portés par
des bâtis en bois montés sur des roues.

Parmi les constructeurs français qui ont exposé des machines agricoles, j'ai surtout remarqué les locomobiles de
M. Bréval, de Paris; les manéges de Pinet, et les collec-
tions d'outils de ferme de MM. Albaret et Cⁱᵉ.

Les hache-paille, les coupe-racines exposés offrent peu
de combinaisons nouvelles; ces sortes de machines sont
d'un emploi si simple et si général, que depuis long-
temps chacun s'est ingénié à les rendre les plus propres à
l'usage auquel on les destinait.

Les machines à battre, le plus important des outils de
ferme, sont exposées par un grand nombre de constructeurs de toutes nations.

Les machines anglaises ont de grandes analogies avec les
nôtres, mais elles brisent la paille que les Anglais ne tiennent

pas, comme nous, à conserver. Leurs machines sont très-solidement établies et bien conçues. Le nettoyage des grains est complet et ne laisse rien à désirer. Dans ce genre de construction la France ne s'est pas laissée distancer, et les machines à battre exposées par MM. ALBARET et C¹ᵉ, CUMING et C¹ᵉ, sont fort bien traitées.

Je répéterai, Messieurs, en terminant ce rapide exposé, qu'il est tout-à-fait impossible, dans un temps aussi court que celui qu'il m'a été permis d'employer à visiter l'Exposition, de rien examiner en détail ; ce n'est que l'ensemble des choses exposées que l'on peut voir.

J'ai l'honneur d'être, Messieurs, votre très-humble serviteur.

ED. ROMANETTE.

RAPPORT

DE M. Constant VILLEMANT, menuisier-modeleur chez
M. Schreiber, constructeur-mécanicien a St-Quentin.

A Messieurs les Membres de la Chambre de Commerce
de Saint-Quentin.

Messieurs,

Délégué par vous pour aller visiter l'Exposition universelle de Londres, j'ai l'honneur de vous soumettre les
observations que j'ai faites sur les produits industriels
français et étrangers qui s'y trouvaient réunis.

Veuillez agréer, Messieurs, l'assurance de mes senti-
ments respectueux.

VILLEMANT.

Saint-Quentin, le   décembre 1862.

PREMIÈRE PARTIE

PRODUITS FRANÇAIS.

I.

Machine à vapeur horizontale à haute pression , détente variable et condensation , par M. Farcot, *ingénieur constructeur à Saint-Ouen , près de Paris.* — Cette machine , dans son ensemble, offre la grâce des formes, et si on l'observe dans ses détails, elle dénote une expérience exceptionnelle de son auteur. Rien n'a été négligé dans ses ajustements, les proportions des pièces ; la combinaison générale ne laisse rien à désirer. Dans ma position d'ouvrier, je n'ai point rencontré de cas où j'ai trouvé cette perfection; si maintenant je m'explique les rapports de cette machine, comparativement à ce que l'on fait vulgairement , je ferai les remarques suivantes :

Chose remarquable, c'est que le régulateur de vapeur à face centrifuge donne à la machine une régularité de vitesse que je n'ai pu apprécier jusqu'alors dans aucune machine , et cela est dû aux proportions de cet agent ainsi qu'aux ajustements. Ce régulateur reçoit son mouvement direct de l'arbre du volant par un engrenage d'angle.

La pompe à air est aussi facile à visiter par sa position et sa combinaison.

Toutes les pièces de cette machine sont disposées de façon à être démontées en peu de temps, sans occasioner aucun embarras dans sa marche ; j'ai vu ce moteur en fonction et attelé aux transmissions qui font mouvoir tous les outils et métiers faisant partie de ce grand concours.

Si je parle maintenant du générateur de vapeur qui alimente cette machine, je ferai remarquer une combinaison plus nouvelle encore; le générateur tubulaire offrait de graves inconvénients dans l'ancien système, et cela à cause des dépôts calcaires et du peu d'espace qui rendaient le nettoyage presque impossible; M. Farcot a résolu le problème. Le système tubulaire est indépendant du corps de la chaudière et peut se démonter à volonté; un joint métallique réunit ces deux parties, et lorsqu'on reconnaît le besoin de les séparer pour faire un nettoyage, il suffit d'enlever quelques boulons et de remplacer le système tubulaire par un autre de rechange : l'arrêt, dans ce cas, est presque insensible.

Comme tous les générateurs tubulaires manquent de réservoir de vapeur à cause de leur peu de volume, M. Farcot y a suppléé par un réservoir superposé à la chaudière, lequel est chauffé par la chaleur perdue.

II.

M. Farcot a exposé aussi une machine hydraulique élévatoire se composant d'un moteur à vapeur de son système et d'une pompe à eau à double effet; le moteur à vapeur fonctionne à une grande vitesse et celle du piston hydraulique fonctionne aussi à une vitesse qui dépasse la limite adoptée par la pratique; j'attribue ces heureux effets à l'ingénieuse combinaison, aux bons ajustements et à la disposition des réservoirs d'air placés de façon à amortir les coups de béliers qui se font ordinairement sentir à la moindre augmentation de vitesse.

III.

*Appareil à hélice pour navire à vapeur de la force de
quatre cents chevaux, par* M. Armengaud *aîné, ingénieur civil à Paris.* — Je n'avais jamais vu d'appareils de
ce genre, aussi me suis-je arrêté un instant pour en étudier
les principes. Cette hélice est en bronze massif, formée
d'un moyeu cylindrique armé de palettes à sa circonférence ; l'envergure de ces palettes embrasse un espace de
trois mètres environ. Ces palettes présentent des surfaces
gauches à la manière des ailes d'un moulin à vent, mais
plus étroites à leur base qu'à l'extrémité, et arrondies sur
les angles.

Les palettes, ainsi que le moyeu, sont fondues d'une
seule pièce, et cela pour donner plus de consistance à
l'appareil. Les surfaces gauches sont formées par une gé-
nératrice courbe dont le rayon est variable.

Cette hélice se place à l'arrière du bateau à vapeur et à
l'extrémité d'un arbre horizontal qui communique à l'intérieur du navire.

Comme cet arbre se trouve plongé dans l'eau, une boîte
à étoupe a été prévue pour empêcher l'eau de s'introduire
dans la cale. L'arbre recevant un mouvement rotatif
d'une machine à vapeur installée à l'intérieur, entraîne
par conséquent l'hélice qui y est fixée, déplace l'eau et
donne le mouvement en avant du bâtiment.

IV.

*Moteur à vapeur horizontal à haute pression, avec
détente, par* M. Lecouteux, *ingénieur-mécanicien à Paris.*
— Comme machine fixe, celle de M. Lecouteux est une

des plus puissantes que j'ai pu remarquer dans l'Exposition ; elle est de la force de 300 chevaux ; elle offre un coup-d'œil majestueux dans son ensemble et par la proportion des pièces qui la composent. J'ai examiné en détail tous les ajustements et je me suis rendu compte des dimensions exceptionnelles des pièces de cette machine.

Comme arrangement de pièces, c'est toujours un bâtis de fondation qui supporte le cylindre, l'arbre du volant, les glissières avec sabots, pour guider le mouvement rectiligne de la tige du piston, la distribution à tiroirs mus par mouvements d'excentriques.

Puis un régulateur à force centrifuge pour régler l'introduction de la vapeur et le mouvement de la machine.

M Lecouteux a aussi exposé une machine à vapeur à balancier, à deux cylindres, à détente et condensation, d'une belle et admirable combinaison.

Je regrette que le peu de temps que j'ai eu à consacrer à l'Exposition ne m'ait pas permis de m'arrêter plus long-temps devant cette machine ; car dans ses détails elle offre de l'intérêt comme travail manuel, et l'ouvrier pourrait en tirer un savant parti.

V.

Scierie à ruban, dite continue, par M. Périn, *ingénieur-mécanicien à Paris.* — En fait de scieries, il n'en est pas qui produise plus d'effet que la scie *à ruban.* Cet outil se compose d'une lame de scie dont les extrémités sont soudées pour former comme une sorte de courroie. Cette scie passe sur deux poulies comme si elle devait les commander ; l'une de ces poulies reçoit la commande du moteur pour la communiquer ensuite à la scie ; la seconde forme tension à l'aide d'une vis qui fait varier son axe.

Pour faciliter le contact de la scie sur la surface de la poulie, on a collé sur tout son contour une lame de gutta-percha.

Dans le cas où la scie viendrait à casser pendant sa marche et pour éviter les accidents, on a enveloppé toutes les parties de cette scie par des boîtes en fonte, et on ne voit paraître absolument que la partie de la scie qui doit traverser le bois.

Les deux poulies soutenant la scie sont fixées à un bâtis en fonte, ainsi que la table horizontale qui doit supporter le bois à scier.

Ainsi, lorsqu'il s'agit de scier un morceau de bois, on le présente au champ denté de la scie, et on le pousse à la main jusqu'à ce que l'on ait terminé son trait.

Ce genre de scierie trouve principalement son application pour scier les bois courbes et pour les bois découpés, parce que là il y a moins à craindre la rupture de scies si délicates.

On pourrait s'arrêter avec beaucoup d'avantage pour examiner la combinaison étudiée de tous les genres de scies qui se trouvent réunies, soit scieries à planches, à madriers, soit scieries circulaires et à bois en grume.

Toutes sont d'une belle construction avec bâtis en fonte et fer combinés, construction bien plus solide que celle de l'ancienne école, car tout se faisait en bois ; aussi la perfection du sciage est-elle aujourd'hui à son plus haut degré.

Presque toutes ces scieries sont à plusieurs lames, à directrices rectilignes.

J'ai observé entre autres une scierie à mouvement arti-

culé, déterminant le mouvement que font les scieurs-de-
long en sciant à bras. C'est le véritable mouvement de
l'homme rendu mécaniquement. Plusieurs inventeurs ont
déjà travaillé à ce principe ; mais celui qui m'a paru l'avoir
résolu le plus avantageusement est M. LENORMAND, ingé-
nieur-constructeur au Hâvre.

VI.

Les appareils appliqués à l'industrie du bois mérite-
raient également d'être mentionnés ; car depuis quelques
années on les a perfectionnés considérablement. Ainsi on
voit faire mécaniquement des moulures aussi bien qu'à la
main ; des planchers rabotés, tirés d'épaisseur et rainés
par le rabot circulaire, ou par le rabot rectiligne. J'ose
dire que ces planchers ne pourraient pas posséder une
plus grande perfection s'il étaient faits par la main de
l'homme.

On remarque aussi des machines à mortaiser et à tenons,
des machines à guillocher, et toutes sont d'une heureuse
combinaison.

VII.

Plus loin, je me suis arrêté devant une machine à
sculpter, reproduisant des reliefs, des rondes-bosses, et
susceptible de rendre une sculpture de la même dimension
ou dans des proportions différentes.

La machine est du reste fort simple : il suffit de connaître
le pantographe, instrument qui sert à reproduire les dessins, et on se rendra compte de suite de sa marche.

Là est la ronde-bosse à reproduire, et à côté le bloc
destiné à la sculpture. Ces deux pièces sont placées sur des

axes qui permettent de les faire mouvoir dans toutes les directions; les deux mouvements sont dépendants l'un de l'autre, c'est-à-dire que, lorsque l'on imprime un mouvement au type, le bloc à sculpter est entraîné dans le même sens.

Le mécanisme pantographe possède d'un bout une pointe en acier que l'on promène sur tous les points de l'objet à reproduire, tandis que dans une autre partie du pantographe se trouve un outil qui tranche, soit à la manière d'un burin, soit par un outil tournant circulairement.

L'application de ces outils est faite suivant les surfaces à reproduire.

Maintenant on comprendra facilement la marche de cette ingénieuse machine. En donnant à la ronde-bosse un mouvement circulaire, la pointe se promène sur toutes les surfaces en contournant la pièce, et de l'autre côté l'outil tranche en recevant l'impression de la pointe qui parcourt le type, et lorsque l'outil a fait le tour, on donne au type un petit mouvement de côté pour que la pointe rencontre une autre partie de la surface, et comme le bloc est dépendant du type, il s'ensuit que l'outil entame une nouvelle place, et on continue ainsi jusqu'à ce que le travail soit terminé. Pour qu'il ne se trouve pas de partie trop épaisse à tailler dans le bloc, on a soin de l'ébaucher avant de le placer sur la machine.

Je suis forcé de m'arrêter à ce court récit sur l'industrie française, ayant à retracer encore ce que j'ai trouvé de remarquable dans les industries étrangères.

DEUXIÈME PARTIE

PRODUITS ÉTRANGERS.

VIII.

En examinant maintenant les produits de l'industrie anglaise, je dois dire d'abord que je trouve beaucoup de similitude entre leur construction et la nôtre comme agencement, mais une construction lourde, solide et annonçant au premier coup-d'œil la force invariable ; cela est peut-être dû à l'abondance des matières premières que le pays produit ; enfin toutes les machines et les appareils que je vais décrire sont empreints du même cachet, à mon point de vue.

Machine à vapeur horizontale de la force de trois chevaux, à haute pression et détente, par MM. WITHMORE et SONS. — Cette machine n'a rien de particulier dans son ensemble ; elle ressemble beaucoup à toutes les petites machines horizontales que l'on voit en France sur les locomobiles, les machines portatives et employées aussi comme machines fixes. C'est une plaque de fondation qui reçoit tous les agents tels que : cylindre à vapeur, arbre à vilebrequin, glissières, bielle, etc. Cette machine est disposée de manière à pouvoir se placer peu importe où, sans exiger de montage particulier, parce que toutes les pièces forment, par leur arrangement, un tout invariable. Ce que j'ai observé de particulier dans cette machine, c'est que toutes les pièces qui la composent sont de formes unies et tous les ajustements en sont très-simples, et je comprends que pour ces deux raisons on puisse établir une machine à bon marché dans les petites forces.

L'auteur prétend que son système offre de grandes économies de combustible; cela est dû probablement au fini de cette machine et à la distribution à détente à deux tiroirs.

La machine que je viens de décrire fonctionnait dans l'Exposition et additionnait sa force aux transmissions communes.

IX.

Machine à vapeur de bateaux à cylindres oscillants, à haute pression et détente, de la force de 240 chevaux, par M. RAVENHELLE SALKELD *(Angleterre).* — Je ne sais comment on a pu loger dans un si petit espace tous les agents d'une force aussi considérable, d'après les machines fixes de la même puissance que j'ai examinées. Il existe une grande différence dans les dimensions d'ensemble; on ne peut véritablement être convaincu de la puissance de la machine qu'après avoir vérifié le diamètre des pistons moteurs.

Il a fallu en étudier les combinaisons d'une manière sérieuse et attentive sur le papier; car ce n'est qu'après une épure approfondie que l'on peut arriver à un résultat aussi parfait.

En regardant les deux cylindres moteurs et en se rendant compte de l'espace qui leur est réservé pour effectuer les oscillations, on voit que l'on a utilisé entièrement le terrain. On comprend cette parcimonie en réfléchissant que les bateaux à vapeur, navires ou autres, ont des proportions déterminées, et qu'il est nécessaire de réserver pour le personnel et les marchandises le plus grand espace possible.

Ces machines doivent être très-dangereuses dans leur marche ; aussi a-t-on affaire pour cela à des hommes intelligents et choisis pour en avoir soin.

Ces machines ont aussi l'avantage de se trouver, par leur disposition, au-dessous de l'arbre des roues à palettes, à cause de leur peu d'élévation, et cela est dû à la suppression de la bielle qui n'existe pas ; dans ce cas, la tige du piston agit directement sur la manivelle ; on gagne donc en hauteur la longueur de la bielle.

Ce qui réduit de moitié à peu près cette distance, chose remarquable encore, c'est que les bâtis qui forment la charpente de ce moteur sont disposés de façon à ne former qu'un pour que la machine, dans les mouvements de mer, ne se trouve pas disloquée. Enfin c'est une combinaison toute particulière.

Le moteur à vapeur à cylindre oscillant a déjà été employé comme machine fixe, mais on a fini par l'abandonner, parce qu'il est moins avantageux que les autres à cause du dérangement continuel des pièces qui est dû à l'oscillation du cylindre.

X.

Cylindre Cower, H.-M.-S. Prover. — Une machine pour bateau à hélice, d'une puissance fabuleuse, a excité mon admiration : elle est de la force de 1,350 chevaux.

Que l'on se figure donc les cylindres communiquant leur force à un arbre à vilebrequin d'une longueur de douze mètres environ et d'un diamètre de quarante centimètres, par deux bielles de six mètres de longueur.

Les cylindres sont disposés de façon à être placés sur

les flancs du bateau et sur une certaine inclinaison ; par cette disposition, ils tiennent peu de place. Un bâtis est disposé de manière à réunir l'ensemble des pièces pour ne former qu'un tout invariable et à l'épreuve de tout mouvement.

L'hélice, pour rendre son effet utile, demande à marcher avec une grande vitesse, et pour cette raison la machine qui la commande, agissant directement sur l'arbre moteur, a besoin de fonctionner dans le même rapport ; il en résulte que les pistons moteurs quadruplent la vitesse adoptée ordinairement par la pratique.

Le système à hélice devient donc, dans tous les cas, plus avantageux :

1°. Parce que les machines à grande vitesse sont faites dans des proportions plus petites que les machines à petite vitesse ;

2°. Parce que ces machines tiennent moins de place ;

3°. Parce qu'elles sont d'un poids moins considérable.

Comme ajustement, ces machines sont très-remarquables, et il est impossible, j'ose le dire, d'atteindre ce but dans nos ateliers de province et en faisant des machines pour le commerce.

C'est enfin dans la marine que j'ai trouvé la mécanique portée à un aussi haut degré de perfection.

XI.

Machine à tailler les engrenages en fonte, par John Hunt et Cⁱᵉ, *ingénieurs à Bost-London.* — J'ai déjà vu des machines à tailler les engrenages, mais je n'en ai pas encore vu pour être plus simples que celle-ci et pour marcher avec plus de facilité. Elle marche à la main à l'aide d'un petit volant de 0ᵐ 30ᶜ de diamètre et d'une mani,elle qui y est adaptée.

L'engrenage est placé sur un mandrin supporté par deux pointes; l'outil est fixé sur un petit chariot disposé de manière à promener l'outil sur toutes les surfaces des dents, en leur donnant la forme exigée. Le va-et-vient du chariot est effectué par une bielle communiquant directement au volant.

XII.

Locomobile de première force, *par* MM. OVETING et PORTER, *ingénieurs à Rochester.* — Cette locomobile n'a rien de particulier en ce qui concerne la disposition générale: c'est toujours le vilebrequin et la bielle fourchue avec une seule glissière qui la composent, et le tout est placé sur la chaudière tubulaire. Mais ce que j'ai remarqué de particulier, c'est que cette locomobile peut se transporter d'elle-même, ce qui est très-différend des autres, et cela par une transmission très-simple : les grandes portent chacune sur le côté un engrenage, deux pignons sont placés sur l'arbre à vilebrequin qui se trouve au-dessus, et par une roue intermédiaire le mouvement est communiqué aux roues.

Lorsque l'on veut mettre la locomobile en marche, on commence par la machine, et lorsqu'elle est en action, on communique le mouvement aux roues à l'aide d'un levier placé de chaque côté qui fait fonctionner deux débrayages s'agrafant aux pignons; il résulte de cette dernière disposition que, lorsque l'on veut tourner à droite ou à gauche, on suspend la rotation de l'une ou de l'autre des roues, et celle qui fonctionne entraîne la locomobile dans le sens

opposé. Un levier est aussi disposé pour faire mouvoir le
train de devant dans le sens de la marche.

XIII.

Machine hydraulique rotative, *par* MM. Gwynne et Cⁱᵉ,
ingénieurs à Londres. — Il est réellement fâcheux que la
machine élévatoire que je vais décrire ne puisse trouver
son application dans les mines et dans les usines qui ont
besoin d'une grande quantité d'eau ; ce serait dans ce·cas
une merveille, à cause du peu de force qu'elle nécessite
pour l'entraîner ; là les frottements sont à peu près nuls,
et puis il serait plus facile, par ce système, de faire des
agents puissants que par le système des pompes.

Cet appareil a à peu près la disposition d'une turbine ;
ce moteur hydraulique est appliqué pour les cours d'eau
qui sont susceptibles d'être submergés. L'eau, dans ce
cas, est introduite par son centre et, dirigée tout autour
dans une certaine direction par des palettes courbes, rencontre les palettes de la roue mobile, lui imprime un
mouvement rotatif et ressort à sa circonférence. Si maintenant on se figure une roue semblable dont on aurait
enlevé les palettes intérieures, à laquelle on imprime un
mouvement rotatif très-accéléré et dans le sens inverse à
sa marche, les palettes avaleront l'eau en abondance et
établiront un courant de l'extérieur à l'intérieur, puis en
montant. C'est là le principe sur lequel s'est basé l'auteur.

Il est évident que la courbe des palettes, la disposition
des pièces et l'agencement ont reçu quelques dispositions
particulières qu'il serait aussi urgent de décrire, si j'en
avais le temps ; mais je suis forcé d'en rester là.

XIV.

Outillage. — J'aurais bien désiré décrire quelques machines-outils appliquées à la construction mécanique, telles que machines à raboter, de toutes grandeurs et d'une infinité de systèmes, les machines à mortaiser, les machines à forer et à alaiser, les tours parallèles, les tours en général ; mais cette branche demanderait à elle seule tout le temps que j'avais à consacrer à l'Exposition. Je me bornerai à dire que l'Angleterre est arrivée au degré de perfection qu'il est possible d'atteindre en construction, et j'ai été heureux d'avoir pu jeter un coup-d'œil général de ce côté pour connaître à quel titre l'Angleterre possède le génie industriel.

XV.

Agriculture. — L'industrie agricole offre un champ d'observations plus vaste encore ; que de milliers de machines à voir : les charrues à vapeur et tous les instruments destinés à travailler la terre, les semoirs de toutes espèces, puis les machines à battre fonctionnant par la vapeur ou par des chevaux, tous les instruments de ferme enfin. Il faudrait un temps considérable pour pouvoir rechercher toutes les particularités de ces appareils. Entre autres, j'ai vu des machines à battre, portatives, d'une grande perfection, rendant le blé très-propre et de nature à être livré à la vente, puis les mêmes machines s'attelant comme par enchantement derrière la locomobile qui les fait fonctionner, pour retourner à la ferme par l'action du même moteur.

Deux hommes suffisent pour faire le service : l'un pour guider l'avant-train, et le second pour guider la machine.

Il est inutile de parler des machines des autres puissances, qui ne manquent pas d'offrir de l'intérêt, mais je me borne à ce que j'ai décrit.

XVI.

En dernier lieu, Messieurs, je viens vous exprimer mes sincères remercîments pour m'avoir fait profiter de la faveur que vous avez accordée à la classe ouvrière, et je vous assure que ma visite à l'Exposition de Londres m'a procuré des connaissances qui me seront d'un grand secours pour l'avenir.

———

La Chambre de Commerce, après avoir entendu la lecture des rapports qui précèdent, exprime la satisfaction que lui fait éprouver la manière intelligente dont ses délégués à l'Exposition de Londres se sont acquittés de la mission qu'elle leur avait confiée, et elle décide l'impression de ces différents rapports.

Le Secrétaire,
H. FOULON.

Le Président de la Chambre,
CH. PICARD.

SAINT-QUENTIN. IMPRIMERIE DE COTTENEST.

www.ingramcontent.com/pod-product-compliance
Lightning Source LLC
Chambersburg PA
CBHW071240200326
41521CB00009B/1552